MarkeZine BOOKS

ブランディング

デジタル時代の基礎知識

「顧客体験」で差がつく時代の新しいルール

インサイトフォース株式会社
山口 義宏
Yamaguchi Yoshihiro

JN217697

SHOEISHA

はじめに

本書を手に取ったあなたは、「市場で選ばれるために、ブランド戦略を検討して！」と経営層から指示された、もしくは自らその必要性を感じてはじめた方でしょうか？

しかし、検索で「ブランド戦略」と調べたとき、ブランドコンサルティング会社のホームページを調べたとき、このように感じませんでしたか？

「企業の理念やロゴをつくって浸透させる CI（コーポレートアイデンティティ）のような、抽象度の高い話が多いな……」

「理念やロゴは大切かもしれないけど、それを軸足にして本当に厳しい市場競争を勝ち抜いて顧客に選ばれるの？」

「デジタル時代に適応した考え方のアップデートはないのか？」

「理念、ロゴ、マス広告に巨額投資なんて、大企業にしかできないな」

そう、もし上記のような腑に落ちない気持ちを少しでも抱えていたなら、本書はあなたにとって役立つ本になるかもしれません。本書のコンセプトは 2 つあります。

1. ブランド戦略を、理念やロゴではなく、商品・サービスやプロモーションなど、マーケティング 4P 施策に落とし込んで市場競争力を高める "競争戦略的なアプローチ" で解説する

2. 上記アプローチのブランド戦略を気軽に理解できる敷居の低い入門書として、全体像の大枠を伝えることに特化する（細かい顧客インサイトの分析手法や、マーケティング施策の実務プロセスは割愛しています）

1に関しては、念のためにいえば、私もCIと呼ばれる企業の理念やロゴの重要性は否定しません。実際に、私が経営するコンサルティングファームのインサイトフォースでも、理念やブランドロゴの刷新を含むコンサルティング案件が全体の2割程度は存在します。でも、理念やロゴを変えるのは、あくまでも"それらが市場競争力の阻害要因で、その変更が競争力向上に寄与する"と判断したときのみです。

逆にいえば、コンサルティング案件の8割は、市場競争力の阻害要因として、理念やロゴのインパクトは小さいと判断されるケースです。

企業は昔と比べたら経営のレベルが高まり、ある程度の企業であれば、理念やブランドロゴは、すでにしっかりとしたものが定まって運用されていることが増えています。また、それらの運用が多少おぼつかなくとも、市場競争力の弱さの真因を探ると、競合との競り負け、デジタル化する事業環境への適応不足のほうが、より大きな課題となっています。

本書は、これらの現代的な市場競争力の課題に対処する参考書になることを願い、執筆しました。ブランドやマーケティングと呼ばれる領域はあまりにも広くて深いため、そのすべてを網羅しているとはとてもいえません。しかし、その全体像と要点を理解し、効率的に考えるための勘所は押さえられるつくりにしたつもりです。

本書が実践的なブランド戦略を考えるための入門書として、皆さまの事業成長に貢献できれば私にとってこの上ない喜びです。

山口義宏

インサイトフォース株式会社　代表取締役

CONTENTS | 目次

> CHAPTER 2

> CHAPTER 3

デジタルで進化するブランド戦略 ………… 103

> CHAPTER 4

ブランド戦略の実行 ……………………………… 143

> CHAPTER 5
ブランド戦略の定着と組織的学習

INTRODUCTION

どんな会社でもブランド戦略が必要な理由

No. 01　私たちはブランドに囲まれて生活している

● 無数のブランドが存在する

「今日1日で、どれだけのブランドに接しましたか」と聞かれて、正確に答えられる人は恐らくいません。接触の定義や生活実態にもよりますが、無意識に目にしている広告やロゴを含めると、数百から1000程度のブランドに接しているという調査結果や考察もあります。

自宅の家電にはロゴが入っているし、駅に降り立てばあちこちに看板が出ています。コンビニを1周するだけで、数百のブランドが目に入るでしょう。私たちは意識するにせよ、しないにせよ、望むにせよ、望まないにせよ、ブランドに囲まれて暮らしているのが実態です（図1）。

このように、私たちを取り囲んでいるブランドは、消費者にとっても、提供者である企業側にとっても重要な意味を持ちます。

● ブランドがないと買う商品を選ぶのは難しい

消費者にとって、つまり私たちの日常生活において、ブランドはどんな役割を果たしているのでしょうか。

それを考えるために、ロゴが一切描かれていない、まったくデザインがされていない商品だけを置いているコンビニを想像してみてください。もしそんなコンビニがあれば、お茶1つ買うのも一苦労です。同じ色をした液体が並んでいるだけで、それぞれどんな味がするのか、ほかの商品とどんな違いがあるのかわかりません。そんな状態では、「これを飲もう」と決めるのはとても困難なはずです。次節では、具体的な例を挙げて解説していきます。

図1 衣食住すべてにブランドがある

H&M

ユニクロ

ZARA

バーモント
カレー

コカ・コーラ

プッチン
プリン

SUUMO

セブン-イレブン

新築そっくりさん

INTRODUCTION

人々は、商品パッケージから広告まで
多くのブランドに囲まれながら生きている

No. 02 ブランドは情報処理を簡略化する

○ブランドは消費者の意思決定を助けている

普段の買い物では、私たちは深く考え込むことなく、商品を選んでいるはずです。それを可能にしているのもブランド。その商品・サービスがどんなカテゴリーなのか？他と比べてどんな良し悪しがあるか？存在を知っているブランドならば、ある程度それがどんなものであるかを想像し、判断することができます。

たとえば「爽健美茶」というブランドを目にしたとき、飲んだことがあればその味を思い出すことができます。飲んだことがないにしても、そのCMを目にしたことがあれば、「多分こんな味をしているんだろう」「健康によさそうなお茶なのだろう」と想像できます。

つまり、ブランドは私たちの情報処理を簡略化する、という社会的な機能があるのです。これはあらゆる製品・サービスに当てはまります。

たとえば自動車。「トヨタがいい」「日産がよさそう」とメーカーを決めてから車種を選ぶ人がいますが、それぞれの企業ブランドに対して、一定のイメージを抱いているからこそ可能なことです。高級車を買おうと思っている人なら、高級車のメーカーとして頭の中で分類されている「メルセデス・ベンツ、BMW、アウディ、レクサスを比較してみよう」と、膨大な選択肢から無意識に候補を絞り込みます。ブランドはその購入プロセスで大いに力を発揮しているのです。

消費者にとって、ブランドは情報処理の簡略化を助けるメカニズム。これを企業の目線で見ると、ほかの企業（製品・サービス）よりも有利な認識を抱かせれば、選ばれる確率も高まるのがブランドといえます（図2）。

図2 ブランドによって判断を簡略化している

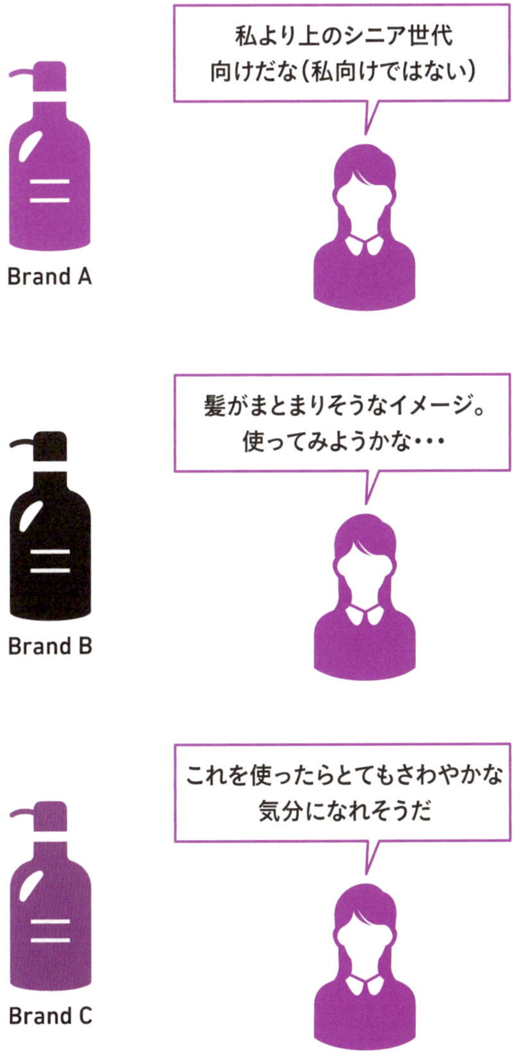

Brand A — 私より上のシニア世代向けだな(私向けではない)

Brand B — 髪がまとまりそうなイメージ。使ってみようかな・・・

Brand C — これを使ったらとてもさわやかな気分になれそうだ

No.
03

デジタル時代でブランディング施策の選択肢が増えた

● 広がった顧客体験の幅

ITが発達した現在においても、マーケティング戦略の枠組み自体は昔から大きくは変わりません。変わったのは、ネットによって顧客との接点が増加したことにより、施策の幅、選択肢が増えたことです。

最近、「スマホを通じた顧客体験」というように、「顧客体験」や「UX（ユーザーエクスペリエンス）」という言葉が流行しています。しかし、これらの概念自体は昔からあるものです。長いことサービス業で顧客に直接触れてきた人からすれば、「今になって、なぜもてはやされているんだろう」と感じていることもあるでしょう。

● スマホやアプリを使うのが当たり前の時代

しかし、ユーザーとじかに触れ合う機会があった人たちならともかく、メーカーにとっては、ITの進歩が劇的な変化をもたらしています。

メーカーはかつて、商品を売ったあと、ユーザーと接点を持つことができず、継続的なコミュニケーションやフィードバックを得るのには限界がありました。主にコストの面から、たとえ構想があっても断念していたのです。

しかし、ITやスマホの登場によって、これまでよりもはるかに安価でユーザーとつながりを持つことができるようになりました。

具体的には、購買のチャネル以外に、購買前後の接点が増え、連携サービスもたくさん生まれました。それによって、施策の選択肢が増えた、ということです（図3）。

図3 デジタル化で顧客体験の接点が増えた

	昔	現代
購入前	限られたマスメディアの報道や、直接的な知人による口コミ	SNSや口コミサイトなど膨大なCtoCの口コミ情報 ホームページや細分化された専門メディア、有識者による情報など
購入	限られた接点での購入機会	ニーズに合わせたカスタマイゼーション、パーソナライゼーション
購入後	コストの制約で限られた接点のみ ※電話によるカスタマーサポートなど	使用実態に合わせてEメールやスマホアプリでフォローアップ ユーザー同士を結びつけたリアル・ネット上の交流など

No. 04 ブランド戦略に対する誤解

● なぜ「関係ない」と考えるのか

　筆者が「ブランド戦略」という単語を口にすると、「うちには関係ない」と拒否反応を示す人がいます。そういう人は、残念ながらブランド戦略について誤解していることが多いようです。大きく分けて、その誤解は3種類あります。

①ブランド戦略にはすごくお金がかかる
②高級品が対象
③マス広告が必須

　こうした誤解があるために、「うちは割安なポジショニングで、高級品カテゴリーじゃない。だから関係ない」とブランド戦略について考えることを放棄してしまうのです。

● 顧客接点の一貫性を整える

　ブランド戦略の本質を一言で表現するならば、「**ターゲット顧客にこう思われたら選ばれるであろうという価値を決めたら、そのような印象が残るようにすべての顧客体験や施策に一貫性を持たせるよう整える**」ということ。

　ブランド戦略を実施するということは、新しい予算で新しい施策を追加するというより、既存の商品・サービスそのものや、広告、営業、接客など、その他あらゆる顧客接点で与えている印象を、一貫性があるように整えることが主な内容になります（図4）。

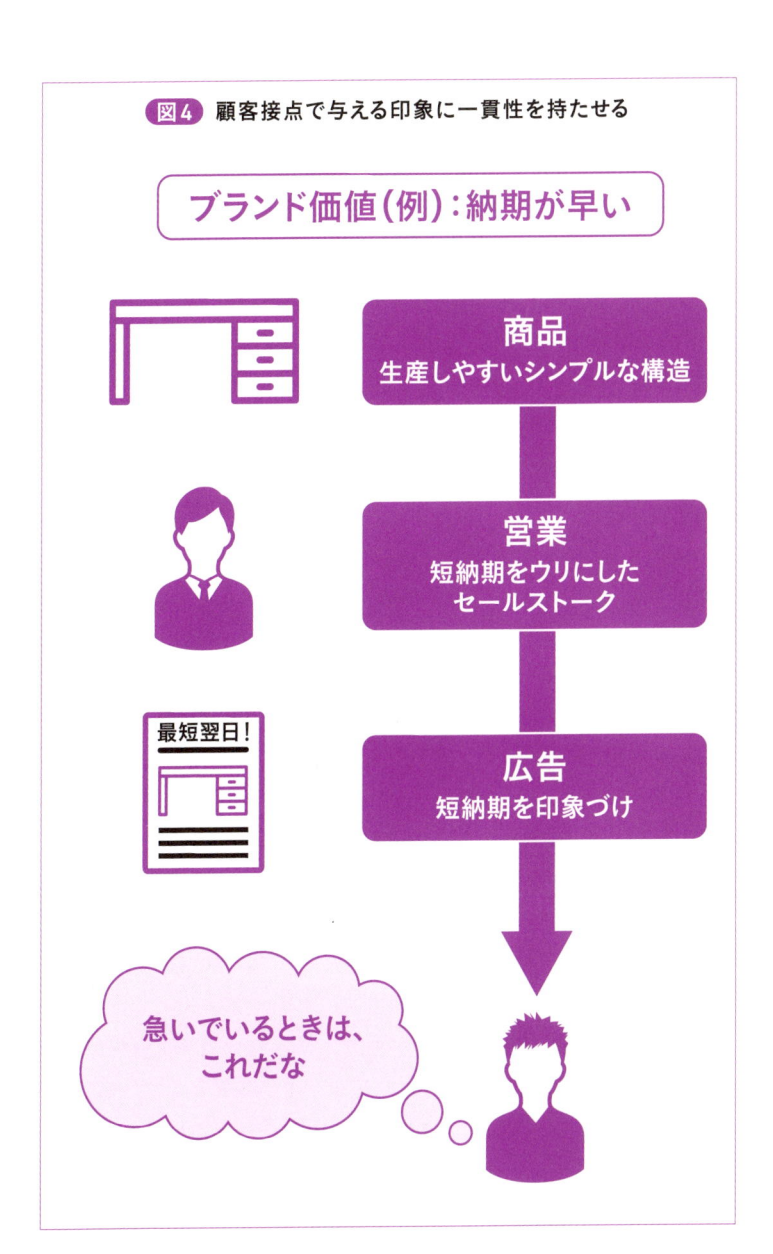

図4 顧客接点で与える印象に一貫性を持たせる

ブランド価値（例）：納期が早い

商品
生産しやすいシンプルな構造

営業
短納期をウリにした
セールストーク

最短翌日！

広告
短納期を印象づけ

急いでいるときは、
これだな

　つまり、社内のすり合わせや調整にかかる費用が基本的なコストといえ、マス広告のように大きな費用が追加で発生するとは限りません。

● ビジネスを支援するブランド

　「高級品」が対象という誤解については、ウォルマートが「エブリデイ・ロープライス」を、ドン・キホーテが「驚安の殿堂」を掲げているように、安さを価値に掲げた企業があることが反証です。「いつ行っても安い」。これを想起させて集客するのも、立派なブランドの価値です。

　単価が高くなくても、プレミアムや高級さが売りでなくても、ブランド戦略がビジネスをうまくサポートする役割を担うことに変わりはありません。

● 広告に頼らないブランド戦略とは？

　3つ目の、マス広告に関する誤解については、特に日本の場合、広告代理店が"強い"ことが一因でしょう。

　日本では、マーケティングの外注先の企業として、大手広告代理店が圧倒的な規模と寡占的なシェアを持ちます。代理店は収益モデルの構造上、単価の高いマス広告を売り込む力学が働きやすいため、「ブランドはマス広告でつくる」と語られやすい構造があります（図5。業種によってはマス広告を利用したほうがよい場合もあり、筆者も単純に否定はしません）。

　しかし、たとえばスターバックスコーヒーは、日本においては上場した日に新聞広告を出した以外、マス広告を行っていません。それでも強固なブランドを築き、世間に広く認知され、高い評価を得ています。

　なぜそれが可能なのか。その理由の1つは、ほかのチェーンが比較にならないほど「体験の一貫性」を追求しているからです。そして、広告費の代わりに、よい立地に出店し、人目に触れる機会を増やし、お店そのものに広告媒体のような働きをさせていることも理由に挙げられます。

図5 「ブランド戦略にマス広告が必須」という誤解が生まれる過程

テレビ広告　　　　新聞広告　　　　雑誌広告

高単価のマス広告による収益

> ブランド戦略のためには、
> マス広告がおすすめです

広告代理店担当者

> やっぱりマス広告は
> 必須だよね（という誤解）

マーケティング担当者

No. 05 広告に頼らない ブランド戦略とは？

◉ スタバに学ぶブランド戦略

前節でスターバックスのブランディングについて触れましたが、お店を訪れることがあれば、ぜひ一度「体験の一貫性」のこだわりに注意をはらってみてください。まず、入店時に「いらっしゃいませ」といわれることがほとんどありません。聞こえるのは、「こんにちは」とか「こんばんは」という声。店員と客というよりも、もっと親しみやすい、まるで知り合いや友だちのような挨拶です。しかし実は、「こんにちはといいなさい」と指導されているわけではないそうです。同社の経営層の方と対談したときに聞いたら、「個人的な関係性を感じさせるように接する」という接客の方針があり、その結果生まれたカルチャーだとか。

坪単価から考えれば効率の悪くなるソファー席を設けて、会社でも家でもない「リラックスできるサードプレイス」を象徴するような店構えにしているのも、ブランディングのための仕掛けの1つ。ここまで徹底することによって、スターバックスというブランドが確立したわけです。

◉ 業種や業態によって適した施策は異なる

BtoB企業には小さい会社が山ほどあります。かく言う私が経営する会社のインサイトフォースも規模は小さいです。しかし、規模が小さいということは、必要な売上も小さいということ。全国にテレビCMを打って、3000万人にブランドを知ってもらう必要はありません。当社が実際に浸透施策として実施しているのは、ビジネスメディア露出、SNSアカウント運用、セミナー登壇の3つだけですが、充分な新規取引の引き合いが

あります。**それぞれの会社が業種や規模に適した効率的な施策を選べばよいのです**（図6）。

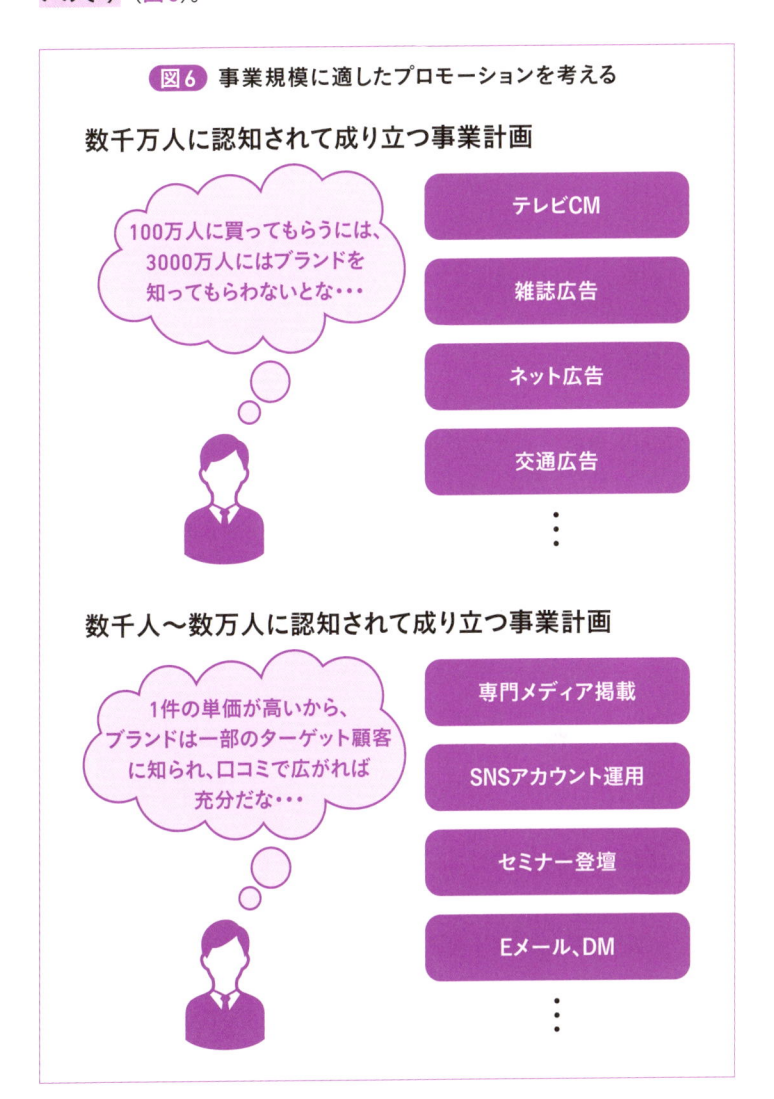

図6 事業規模に適したプロモーションを考える

数千万人に認知されて成り立つ事業計画

100万人に買ってもらうには、3000万人にはブランドを知ってもらわないとな・・・

- テレビCM
- 雑誌広告
- ネット広告
- 交通広告

数千人〜数万人に認知されて成り立つ事業計画

1件の単価が高いから、ブランドは一部のターゲット顧客に知られ、口コミで広がれば充分だな・・・

- 専門メディア掲載
- SNSアカウント運用
- セミナー登壇
- Eメール、DM

No.

06 | ブランド戦略への 疑念が生まれる理由①

⦿ ブランドへの誤解が生まれた背景

　「ブランディング＝マス広告」と捉えていると「うちの会社ではそんな予算ない」「うちはそんな規模じゃない」「高級品を扱ってない」と考えてしまい、ブランディングに対しての思考が停止してしまいます。このように自分の会社がやることじゃないと誤解している人が、本当に多いのです。こんなにもったいないことはありません。

　「ブランド戦略」や「ブランディング」という言葉が日本に入ってきたのは、1990年前後と思われます。日本ではそれ以前の1980年代に「DCブランド」が一世を風靡。欧米の高級ファッションが「ブランド」と認知されたことが、日本において「ブランド戦略」が誤解を受ける、そもそものきっかけだったかもしれません。

⦿ もともとのブランドの意味とは？

　ブランドの語源をたどるだけでも、上記のような誤解は晴れると思います。「brand」という言葉は「burned」、つまり「焼印を押す」ことから生じたといわれています。何のための焼印かというと、他人の家畜と自分の家畜を区別するためのものです（第2章で述べますが、米国ではこの考え方に基づいてブランディングが行われる傾向があります）。

　自社の商品・サービスを、他社のものと区別してもらう。それがブランドの目的なのです（図7）。「高級品でなければブランドではない」という認識が、もともとの目的を考えると誤解である、ということを理解していただけたでしょうか。

図7 ブランドのそもそもの起源とは?

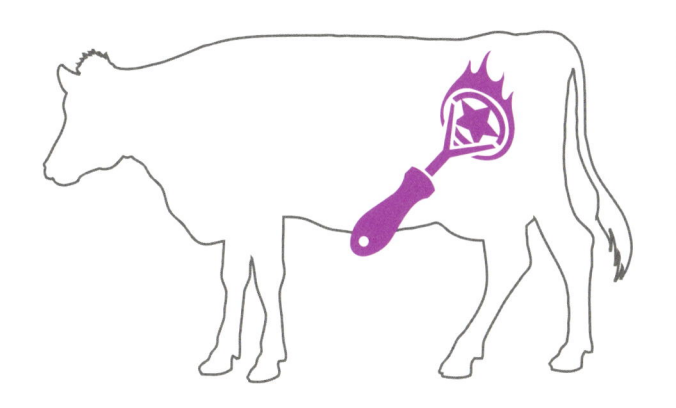

ブランドは家畜に「焼印を押す」ことから生まれた

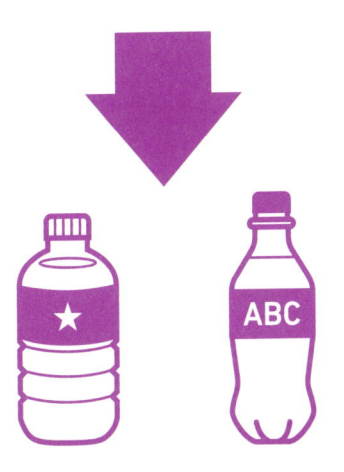

自社の商品・サービスを他社のものと
区別する役割としてブランドがある

No.

07 ブランド戦略への
疑念が生まれる理由②

● かつて流行したCI

　もともと家紋やアイデンティティを大事にするという日本人の気質からか、日本企業は「社のアイデンティティ」が強く、「アイデンティティや理念としてのブランド」という考え方は日本人にもなじみやすいようです。

　CI（コーポレートアイデンティティ：企業独自の理念などを表現したもの）を定めることは、確かに有効なものです。ただし、理念を定めるだけでは、ビジネスの競争力はなかなか上がらないのも事実です。1990年前後の日本には「CIブーム」ともいうべき時期がありました。「わが社のアイデンティティとは」「何をするための会社なのか」「社会的意義は何か」。そんな理念を定め、社名やロゴを見直すことが流行しました。

● CIブームが終わった理由

　しかし、どうやって市場競争力を高め、会社として稼ぐことにつなげるか、現場の施策に活かすか、という具体性を欠いていた案件が多かったり、バブル時代の好景気で外注費が1億円を超えるような話も少なくなかったりしたために、「巨額投資したのに期待ほどの効果がなかった」とトラウマを抱えた企業も少なくありません（図8）。

　それから30年近く経ち、現代のブランド戦略は、当時のCIとは異なり、よりマーケティング施策に直結し、競争力を高める実践的なものに進化しています。しかし、あまりにも手痛い失敗経験のために、ブランド戦略に疑念を抱く企業経営層もいまだに多く存在します。私たち支援業界側の力不足もあるのですが、なんとも歯がゆい話です。

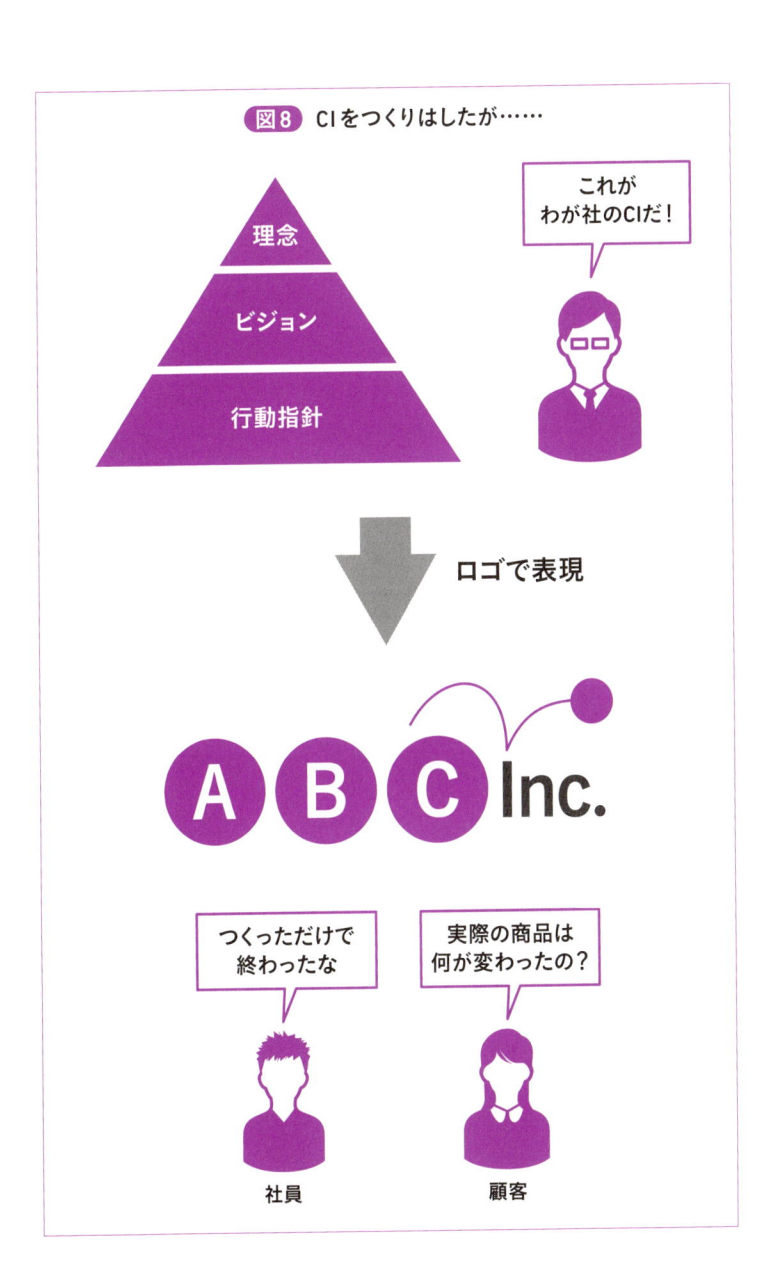

図8 CIをつくりはしたが……

◉ 自社なりのブランド戦略にチャレンジしよう

さて、ここまでの説明で、「ブランドに無関係でいられる企業なんてない」ということはわかっていただけたでしょうか。日々の生活ではブランドに囲まれており、「ブランドなんて関係ない」と思っている企業があったとしても、それは誤解にすぎません。

企業にとってブランドとは、その規模やポジションに応じて、競争を有利に進め、効率的に利益を生むための競争戦略ツールです。そして、マーケティングの4P施策（Product＜製品・商品＞、Price＜価格＞、Promotion＜プロモーション＞、Place＜流通＞）の判断の土台・軸としても、ブランド戦略は必要になります。

ブランド戦略をテーマにした本には、CIなどの理念的な話を書いたものも少なくありません。その理念の制定には大きな意味はあるものの、それは漢方薬のように長期的に、企業のあり方や生き方に影響を与えるもので、市場競争力に対する即効性はありません。

この本の目的は、ブランド戦略のもう1つの側面に焦点を絞り、競争戦略として、競争力を高める実践的なツールとしてのブランド戦略をお伝えしていくことです。

戦略の実行には多くの難しさはありますが、戦略の原理原則の理解はそこまで難しくありません。あなたもその方法論を学び、実践し、ぜひ自分の手で、ブランディングを成功させてください。

CHAPTER

1

ブランドって何？

No. 01　［ブランドとは何か？］

重要なのは"事実"でなく"知覚された価値"

● 商品やサービスの優劣を判断するのは困難

　多くの企業は、できるだけよい商品・よいサービスを消費者に提供しようとするものです。そのこと自体は真っ当なことですが、**品質がよければ必ずしも消費者に選んでもらえるわけではありません。**

　なぜ、品質で選んでもらえないのでしょうか。それは消費者の多くが「客観的な比較・検証」をできるほど商材に関心が高い業種は少ないためです。また、商品・サービスの細かなスペック情報を知ったとしても、自分にとっての意味や価値として解釈するには相応の知識や経験が必要になるためでもあります。

　企業側の視点からすると「ファクトを知らない、理解が曖昧な消費者」が、何を重要な基準にして商品を選ぶか知りたいでしょう。少し乱暴ですが、価格を抜きにすれば、それは「ブランド」に集約されます。

● 消費者に識別され、価値を想起してもらうのが肝

　ブランドとは「識別記号と知覚価値が結びついたもの」です。たとえ圧倒的に優れた性能の商品をつくったとしても、消費者が存在を知らなかったり、「性能が優れている」と認識してもらえない限り選ばれません。消費者の頭の中で、優れた価値が想起される「知覚（された）価値」があって、はじめて購買検討の候補になります。そして、消費者が「知覚価値」を頭の中に記憶し、記憶を仕分けして、思い出すためには「識別記号」も併せて記憶してもらうことが重要です。

　この識別記号と知覚価値について、次節から詳しく見ていきましょう。

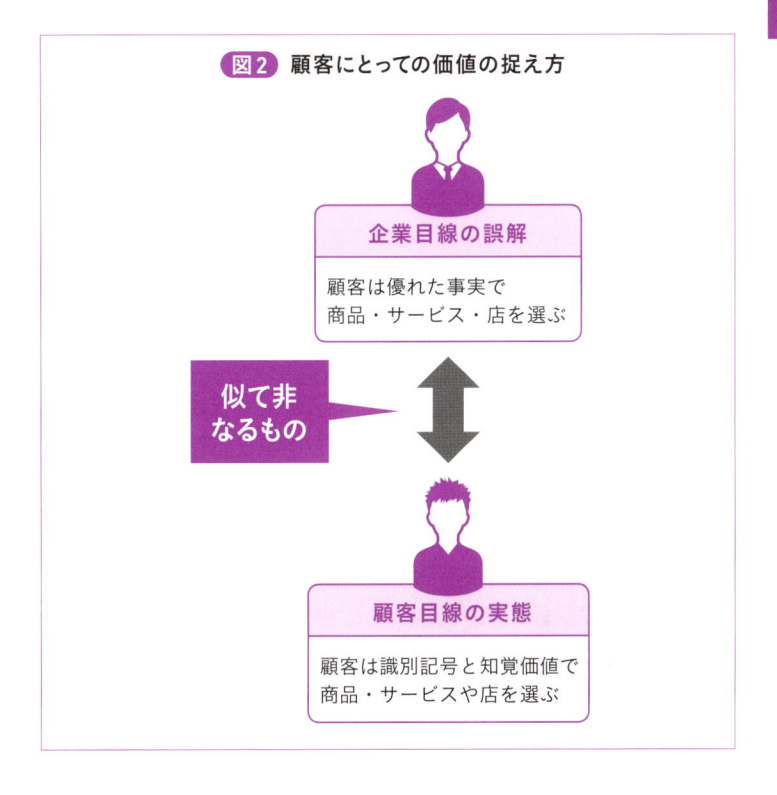

図1 ブランドとは何か？

| 製品名 | ロゴ | 商標 |

これらはブランドの一部にすぎず、
ブランド全体を表しているわけではない

図2 顧客にとっての価値の捉え方

企業目線の誤解

顧客は優れた事実で
商品・サービス・店を選ぶ

似て非
なるもの

顧客目線の実態

顧客は識別記号と知覚価値で
商品・サービスや店を選ぶ

No.

02

［ブランドとは何か？］
人はブランドの記号と
価値を結びつけて判断する

◉ 識別記号とは

　識別記号とは、ブランドのロゴマークが代表的存在ですが、消費者がブランドの存在に気づき、他と異なる存在だと記憶するための記号です。文字、音声、形、色、においなど、五感に訴えるものすべてが含まれます。ソフトバンクの白い犬のお父さん、マクドナルドの店の近くで漂う独特のにおい、ポルシェの独特の外観デザイン、これらはすべて消費者がブランドを識別するための手がかりになっています。ブランドはロゴマークだけでなく、消費者が記憶し、その存在に気づいてもらうため、多くの識別記号を散りばめているのです。

◉ 識別記号と知覚価値を相互に連想させる

　コカ・コーラは、赤と白のロゴを見るだけで、誰でも存在と価値を直感的に理解できます。ロゴに限らず、黒い液体を見ただけでも、あるいは中央がくびれたビンの形を見ただけでも判別できるでしょう。そして、そういった「識別記号」を見たら、無意識に「炭酸」「さわやか」「刺激的」「気分転換」といった知覚価値を思い浮かべる人も多いはずです。

　このように識別記号と知覚価値の2つが結びつくことで、人々は商品を選びやすくなります（図3）。

　そんな脳内経路が強化されると、その逆のルートもできあがります。つまり「気分転換したいな」と思ったとき、「それならコ

カ・コーラを飲もう」と考えるような、知覚価値から識別記号を想起する流れです。そこまでいけば、カテゴリーを代表する強いブランドといえるでしょう。

◉ 消費者の頭の中にある価値認識

ブランドの知覚価値とは、どういう商品・カテゴリーなのか、どういう人格イメージなのか、購入して体験することでどんな便益があるのか、便益の論拠が何なのか、消費者の頭の中にある価値認識の集大成といえます。

ですから、強いブランドは、識別記号が多くの人に知られ、豊かな知覚価値を想起させ、消費者の選択購買に大きな影響を与えます。

図3 ブランドは頭の中で「記号」と「価値」が結びついた総体

Brand Identity ブランドの「識別記号」 ※文字、音声、形、色、におい	Brand Value ブランドの「知覚価値」 ※カテゴリー、人格、便益、論拠など
・コカ・コーラのロゴ ・赤と白の色 ・腰がくびれたビン	・炭酸飲料 ・さわやか、刺激的 ・ハッピーな気分転換 ・歴史、秘密のレシピ

ブランドとは「識別記号」と「知覚価値」が接続した総体を指す。
「ロゴ」は記号の1つ、「高級」は価値の中の1つの選択に過ぎない。

No.
03

［ブランドの構成要素］
ブランドの価値が
形成されるプロセス

● ブランドは体験の蓄積で頭の中に形成されるもの

　ブランドは、頭の中に形成される識別記号と知覚価値の組み合わせと説明しましたが、どうすれば頭の中に残るのでしょうか？商品・サービスの印象、広告・販促の DM やチラシの印象、お店やオフィスなど販売やサービス拠点となる建物や内装の印象、店員やスタッフの外観・人柄・接客の印象、価格の印象、友人やネットの口コミの印象、メディアでの報道の印象……。当たり前のようですが、これらすべての顧客接点の印象の蓄積が、そのブランドに関する識別記号や知覚価値を頭の中に形作っていきます（図4）。

　たとえば、アップルストアに行けば、看板、商品本体、包装パッケージなどあらゆるものに同じリンゴのロゴマークが入っています。また、同じような開発思想、色、素材のデザインが多用されているため「識別記号」が記憶されます。加えて、iPhone や iPad の使い心地、店員のフレンドリーな接客コミュニケーション、メディアで見かけた IT 評論家による推奨記事など、これらの体験の蓄積によって頭の中にアップルの「知覚価値」が形成されます。

　このあらゆる体験の蓄積によって頭の中にブランドが形成されるのは、どの業種でも変わりません。ただ、業種によってブランド形成につながる接点の影響度の比重は異なります。コカ・コーラであれば商品のパッケージデザイン、味、売場の POP、テレビ CM や交通広告などが重要な接点となるでしょう。高級ホテルビジネスであれば、サービススタッフの接客、建物の外観や内装、口コミなどの比重が高まります。

図4 ブランドは体験の蓄積により個人の中に形成される

企業が直接 コントロール できるもの	企業が直接 コントロール できないもの
商品・サービス	消費者の口コミ
広告キャンペーン	メディアの報道
販売店（直営）	知人の評判
接客スタッフ	販売店
自社ウェブサイト	

**個々の体験が魅力的でも一貫性がなければ
ブランドとして記憶されない**

No.
04

［ブランドの構成要素］
ブランドに求められる一貫性のある体験

● 「バラバラな印象」はブランドの敵

　一般に、店員の丁寧な応対は好ましいものですが、場合によっては、消費者を混乱させることもあります。たとえば、内装や広告ではカジュアルでフレンドリーなメッセージを発している飲食店なのに、注文を取りに来たり、配膳したりするときに店員がひざをついて、仰々しい対応をされるとどうでしょう。「丁寧なこと自体はいいけど、イメージしていたのと違ってちぐはぐだな」と感じるのではないでしょうか。

　あるいは、環境への影響に考慮した商品で、品質は悪くなく、広告も人気タレントを起用していて、しかも面白い。でもその商品を勧める接客スタッフが「他社製品より、かなり安いのでお勧めです」と話しかけてきたら、これも「あれ？」と思ってしまうでしょう。

　このような「バラバラの体験が引き起こす消費者の混乱」はブランドをつくるうえで大敵です。消費者の混乱は、ブランドのイメージ、つまり知覚価値をぶれさせます。結果として、頭の中に確固たる知覚価値がつくられにくくなるのです（図5）。**もちろん商品・サービス自体に魅力があることが前提ですが、どれだけ魅力的であっても、体験に一貫性がなければブランド力は高まりません。**

　ブランド形成のメカニズムは、次のように表すことができます。

ブランド力＝体験の魅力度×体験の量・時間×体験の一貫性

　「体験の魅力度」「体験の量・時間」については、わかりやすい評

価軸なので、ほとんどの企業が意識しています。しかし、「体験の一貫性」については軽視されがちです。商品の質に自信を持っていても、プロモーションのために多くの資金をつぎ込んでいても、それがブランド力につながらない原因の1つが、この「体験の一貫性」のマネジメントの欠如にあるのです。実際に、私の会社のインサイトフォースに相談をされる企業の多くは「商品・サービスは負けていない。広告費も劣らない。でも、ブランド力が負けている。それはなぜか？」という疑問を口にします。「体験の一貫性」は、とても重要なのに企業が見落としやすい要素です。

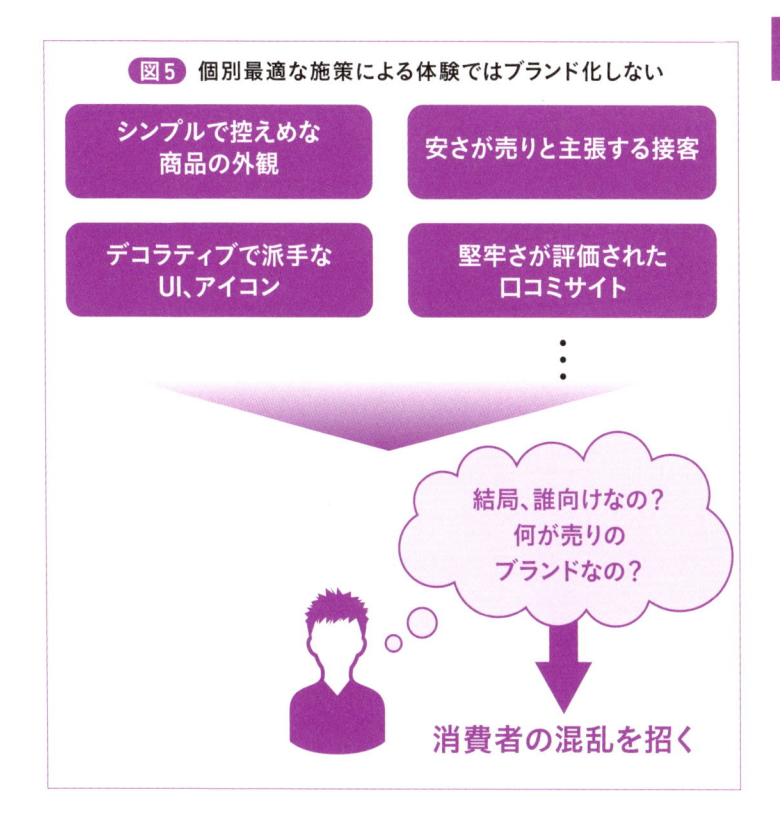

図5 個別最適な施策による体験ではブランド化しない

シンプルで控えめな
商品の外観

安さが売りと主張する接客

デコラティブで派手な
UI、アイコン

堅牢さが評価された
口コミサイト

結局、誰向けなの？
何が売りの
ブランドなの？

消費者の混乱を招く

◉ 顧客接点の一貫性と時系列の一貫性

　一口に一貫性といっても、2つの軸が存在します。1つ目は顧客接点の一貫性。2つ目は時系列の一貫性です。

　顧客接点の一貫性は、商品・サービス、広告、接客などすべての接点に関係します。消費者から見て、すべての接点で同じ印象を形成させることができるか、ということです。たとえばスターバックスなら、おなじみのロゴや色使いを見ればスタバと認識できます。さらに、どこのお店に行っても同じ商品クオリティ、接客クオリティが提供されます。それによって、スターバックスの価値が顧客の頭に刷り込まれるのです。

　最近では口コミも重要な顧客接点になっています。当然、企業が直接はコントロールできませんが、商材によっては口コミで入ってきた情報が、マスメディアの報道以上の影響力を持ちます。**消費者にどんな印象を残すのかを計画し、その実現に向けて顧客接点となる施策間の一貫性を実現するのが重要になっているといえます。**

　難しいのは、時系列の一貫性です。教科書的な解説では、「時代に流されることなくブランドの一貫性を保ちましょう」と書かれていますが、顧客のニーズは変化するもの。つまり、一貫性を守ってブランドをつくることと、マーケットのニーズ変化に対応することは本来は矛盾しているのです。長く続いているブランドは、芸術的ともいえるレベルでそのバランスを保っています。

　たとえばノートパソコンの ThinkPad は、「黒い外観」「キーボードの真ん中の赤いトラックポイント」を視覚的な識別記号として守り続け、商品の仕様としても「タッチやクリック感にこだわったキーボード」をずっと変えずにいます。一方で変化した部分といえば、その厚みやキーボードの配列。以前はまるで弁当箱のような厚みでしたが、アップル社の MacBook Air に代表されるような、薄くて軽いノートブッ

クの流行に合わせて薄型化しつつ、でも既存ファンから支持されてきたポイントは堅持するなど、丁寧に変化させていきました（図6）。

　ある部分では変化に対応しながら、別の部分は継承し、一貫性を持たせる。変化させながらも、ブランドのアイデンティは失わない。**変化する市場ニーズの中で、売上の最大化とブランド価値を守るバランスを取るのは「言うはやすく行うは難し」の典型ですが、これがブランド運用の肝になります。**携帯電話のような変化が激しい市場では、訴求メッセージは日々変化するため、携帯電話キャリア各社は、広告のモチーフとして白戸家の人々や桃太郎などを継続的に起用し、なんとかブランドとしての一貫性を保つ努力をしているといえます。

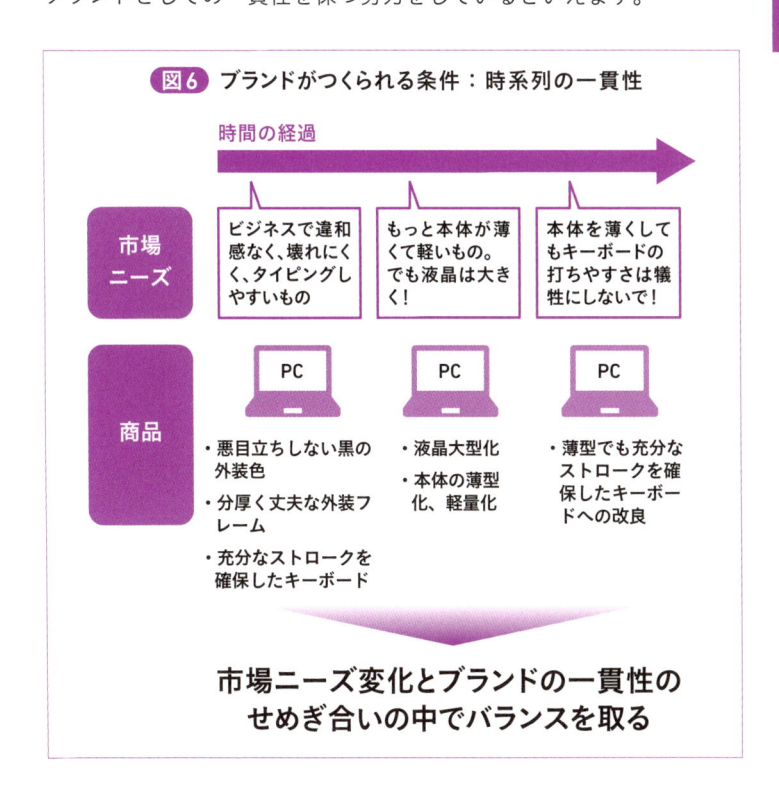

図6　ブランドがつくられる条件：時系列の一貫性

時間の経過

市場ニーズ	ビジネスで違和感なく、壊れにくく、タイピングしやすいもの	もっと本体が薄くて軽いもの。でも液晶は大きく！	本体を薄くしてもキーボードの打ちやすさは犠牲にしないで！
商品	PC ・悪目立ちしない黒の外装色 ・分厚く丈夫な外装フレーム ・充分なストロークを確保したキーボード	PC ・液晶大型化 ・本体の薄型化、軽量化	PC ・薄型でも充分なストロークを確保したキーボードへの改良

**市場ニーズ変化とブランドの一貫性の
せめぎ合いの中でバランスを取る**

No.
05

［ブランドの構成要素］
ブランドは色と形で
識別される

● ビジュアルに一貫性を持たせる

　消費者は、よい体験をしても、その体験に識別記号が沿えられていなければブランドとして記憶できません。

　では、「そのブランドだ」と認識してもらうにはどうすればいいか。**五感のすべてに訴えることを考えると方法はいくつもありますが、有力な施策の1つはビジュアルに一貫性を持たせることです。**

　これまでに説明してきたように、「ブランド＝ロゴ」ではありません。しかし、ロゴをはじめ、ビジュアルに一貫性を持たせないと、ブランドは記憶すらされません。たとえば、ある実験では、ブランドAのロゴの構成要素（色使いや形）を真似て、文字だけを別のブランドBのものに入れ替えた、偽物のロゴを用意しました。すると、ほとんどの人は、パッと見で、その偽物のロゴを、ブランドAのロゴと認識したのです。この実験からわかるのは、人がブランドを認識するとき、文字を読んでいるのではない、ということです（図7）。

　最近では、色彩のみからなる商標が登録できるようになりました。たとえば、セブン‐イレブンの「白・オレンジ・緑・赤」の色の組み合わせ。これらの組み合わせを見ると、文字がなくても、ブランドや商品をイメージすることができますよね。

● 人の無意識に入り込むビジュアルの力

　どの色を使うか、どんな色の組み合わせか、そして、どんな造形パターンか。これらの影響はとても大きいので、強力なブランドはそれ

を守ろうとしますし、それを連想させるロゴにすることで、競争を有利に進めようとする企業もあります。

　たとえば、スターバックスは円形で緑を効果的に使用したロゴマークですが、ドトールコーヒーが経営する「エクセルシオールカフェ」も誕生当時のロゴは円形で、緑色を使用していました。しかし、消費者の誤認を恐れたであろうスターバックスがロゴの使用差し止めを求め、その結果、エクセルシオールカフェのロゴは緑から青に変更することになりました。ビジュアルの一貫性という点では、アップルも典型的な例です。商品にしても、ウェブサイトにしても限られた色使いで、しかも決して派手ではありませんが、一目見れば、「これはアップルのものだ」と見分けがつきます。私たちは無意識のレベルで、色と造形の構成によってブランドを識別しています。

図7　ブランドのロゴの識別

正しいブランドロゴ　　　　誤ったロゴを見た人の反応

ABC★SOFT
Since 1978

誤ったロゴA
ABC★SOFF
Since 1918
違和感なし

誤ったロゴB
ABC★Soft
Since 1978
違和感あり

人は、文字を読まず、造形と配色によって
ブランドロゴを識別する

※誤ったロゴAは、文字の綴りが異なる
※誤ったロゴBは、文字は正しいが造形と配色が異なる

No. 06

[ブランディングの基礎]

ブランドとマーケティングの定義を共有しよう

　ブランドとマーケティングという言葉は、人によって使い方がバラバラです。"CIロゴ（その企業を象徴するロゴマーク）"、"広告によるイメージ戦略"などの意味で「ブランド」という人がいれば、"調査"、"営業・販売"、"広告"などを「マーケティング」という人もいます。どちらにしても、言葉本来の意味よりも、狭く捉えてしまいがちです。

　社内で言葉の定義がかみ合っていないままだと、どうなるか。よくあるのが、問題意識を感じている社員が「ブランディングをやるべきです」と提案しても、「馬鹿なこというな。うちみたいな小さな会社に、そんな金はない」と上司が却下してしまう、というものです（図8）。

● 経営者と担当者が理解すべきこと

　中小企業だろうと、大企業だろうと、言葉の意味を統一しないままで議論が空転し、苦労している企業は山ほどあります。

　そこで、経営（事業）戦略、ブランド戦略、マーケティング4P施策の3つを大きなブロックで分解し、相互に影響を与え合うものとして理解することを推奨します。経営（事業）戦略とは、どの事業に人・モノ・金など限られたリソースをどの程度配分するかを決める、工程の最も上流にある方針です。ブランド戦略とは、識別記号と知覚価値を設定し、既存顧客や潜在的顧客に対して、どのようにそれを浸透させていくかの中期的な方針。マーケティング4P施策とは、プロダクト（商品・サービス）、プロモーション（広告・販促・PRなど）、プライス（価格）、プレイス（販路・接客）など、顧客が直接的に触れる施策です。

　たとえばブランド戦略として「技術力No.1」というイメージを目指

すなら、経営戦略としても技術的な研究開発と、新技術を量産する生産設備と、それらを市場に伝える広告プロモーション施策に投資しなければ、ブランド戦略は絵に描いた餅で終わってしまいます。

経営者は「ブランド戦略は事業戦略とマーケティング4P施策を整合させる核」であることを理解する必要があります。担当者は「ブランド戦略は、すべての顧客接点で同じ印象を与えるための基準となり、4P施策間と時系列の一貫性を生み出す核」であるということを理解することが議論の第一歩です（図9）。

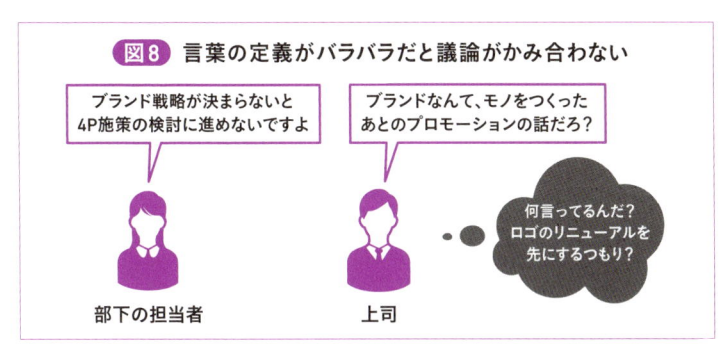

図8 言葉の定義がバラバラだと議論がかみ合わない

ブランド戦略が決まらないと
4P施策の検討に進めないですよ

ブランドなんて、モノをつくった
あとのプロモーションの話だろ？

何言ってるんだ？
ロゴのリニューアルを
先にするつもり？

部下の担当者　　　　　　上司

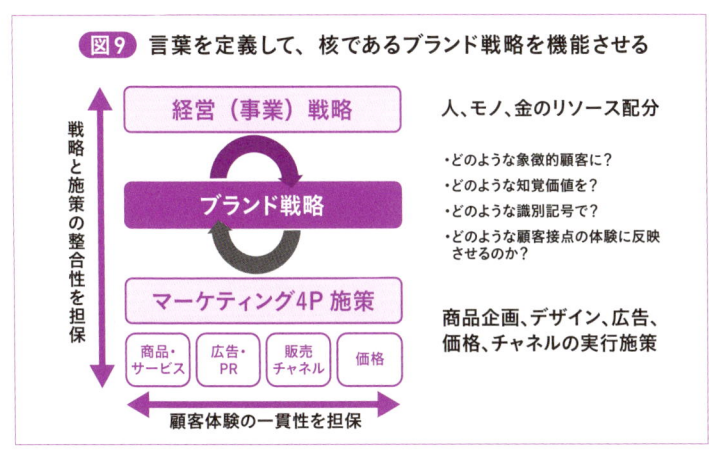

図9 言葉を定義して、核であるブランド戦略を機能させる

経営（事業）戦略

ブランド戦略

マーケティング4P 施策

| 商品・サービス | 広告・PR | 販売チャネル | 価格 |

戦略と施策の整合性を担保

顧客体験の一貫性を担保

人、モノ、金のリソース配分

・どのような象徴的顧客に？
・どのような知覚価値を？
・どのような識別記号で？
・どのような顧客接点の体験に反映させるのか？

商品企画、デザイン、広告、価格、チャネルの実行施策

No.
07

〔ブランディングの基礎〕
強いブランドを持つ
メリット

● 消費者に選ばれるので取引条件も有利になる

　強いブランドを持つメリットは、大きく3つに分けることができます（図10）。ブランディングによって強いブランドを育てることができれば、巨額な販促費で値引きをしなくても、顧客に選ばれ、利益の出る、事業成長の基盤になります。そのメリットを細かく見ていきましょう。

　コンビニで買い物するときのことを思い出してみてください。似たような商品が数多く並んでいますが、その中から買いたいものを選ぶのに、長々と時間をかけることはないでしょう。なぜかというと、すでに無意識レベルで候補が絞られているからです。強いブランドは、その候補群の中に入ることができます。多くの競合の中で埋もれずに、購買候補に選んでもらえるということですね。

　コンビニやスーパーにはプライベートブランド（PB）の商品も並んでいます。しかし、コカ・コーラのほうがPBのコーラより高くても売れるでしょう。つまり、ブランドはより有利な条件で取引できる、要は高く売れるということが2つ目のメリットです。

　3つ目は、ブランドとして認識されることでリピーターを生むことができるということ。味もサービスもいい、値段も手頃、そんなレストランにたまたまめぐりあっても、なぜか再び行くことがなかったという経験はありませんか。その原因の1つがブランドの刷り込み不足です。よい体験をしても、素材の産地、シェフの経歴、心に染み入るサービスなど、消費者の頭の中にブランドが刷り込まれる体験が伴わないと、リピートが発生しません。

最近重要性を増している口コミでも同じことがいえます。よく知らないものは推奨できないし、知っていても何がいいのか説明できないと、人に勧めにくいでしょう。すると、新規顧客の取り込みが難しくなります。逆に、なぜ素晴らしいのかが言葉で説明しやすいブランドほど口コミが発生し、市場の規模やシェアの拡大がしやすくなります。

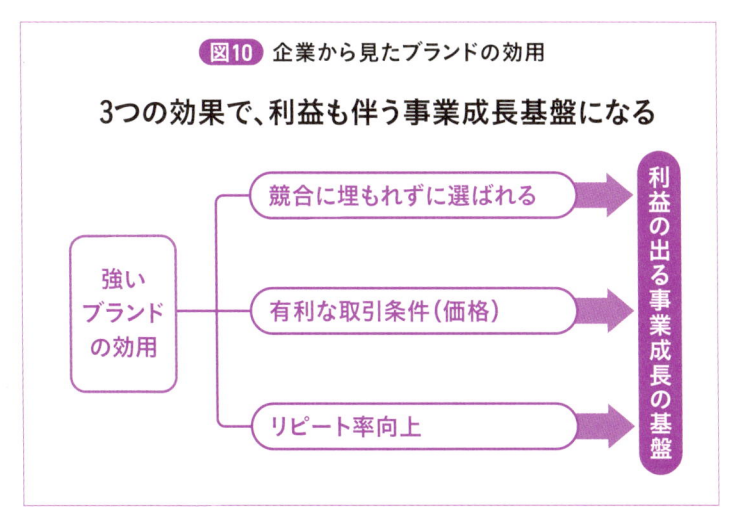

図10 企業から見たブランドの効用

3つの効果で、利益も伴う事業成長基盤になる

強いブランドの効用
- 競合に埋もれずに選ばれる
- 有利な取引条件（価格）
- リピート率向上

→ 利益の出る事業成長の基盤

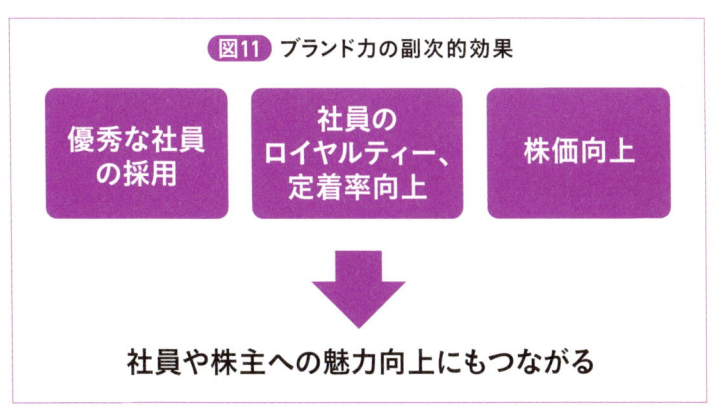

図11 ブランド力の副次的効果

| 優秀な社員の採用 | 社員のロイヤルティー、定着率向上 | 株価向上 |

社員や株主への魅力向上にもつながる

No.
08

［ブランディングの基礎］
ブランドは収益機会を
もたらす資産になる

● ブランドの持つ資産価値

　企業経営における考え方として、ブランドは資産と捉えるとわかり
やすいでしょう。資産は、持っているだけではダメで、活用しなけれ
ばお金は増えません。企業の経営資産を例にすれば、顧客リストを例
にするとわかりやすいでしょう。扱っている商品が同じでも、顧客リ
ストが豊富であれば、より多くの売上と利益を上げる可能性がありま
す。同じように、ブランドも資産です。強いブランドは、その力を活か
して、企業により多くの売上と利益をもたらす "機会" を増やします。

● 強いブランドは、マーケティング施策の効果を高める

　ある消費者が広告やメールニュースに触れて、ランディングページ
に飛んだとします。そこで目にしたものが、聞いたこともないブラン
ドの商材だったとき、認知はあるがよく知らないブランドの商材だっ
たとき、認知も好意もあって「こういう効能があるはず」と期待する
商材だったとき。それぞれの場合で、コンバージョン（顧客への転換
率）はまったく違ってきます。つまり、ブランド力で、同じマーケティ
ング施策でも成果が変わるのです（図12）。

　強いブランドさえあれば取引が成立するというものではないです
が、ブランド力が高まることで、問い合わせが増える、問い合わせ後
の営業や販売促進施策も成果が出やすくなる、そして売上につながる、
ということです。ブランドはビジネスを強く支援してくれるのです。

　しかし、ブランドは資産である以上、価値を毀損することもありま

す。企業としての不祥事発生に伴うネガティブな報道に限らず、消費者からすると期待を下回る商品・サービスが続いたり、強引に押し込むような営業で信頼を失ったりすれば、ブランドの資産は目減りしていきます。

　「売上が増えるけど、ブランド資産が目減りするような施策」を避けないと、ブランド資産が崩れ、ビジネスは先細りになります。営業数値のプレッシャーが強い現場では起こりがちな話なので、留意しましょう。

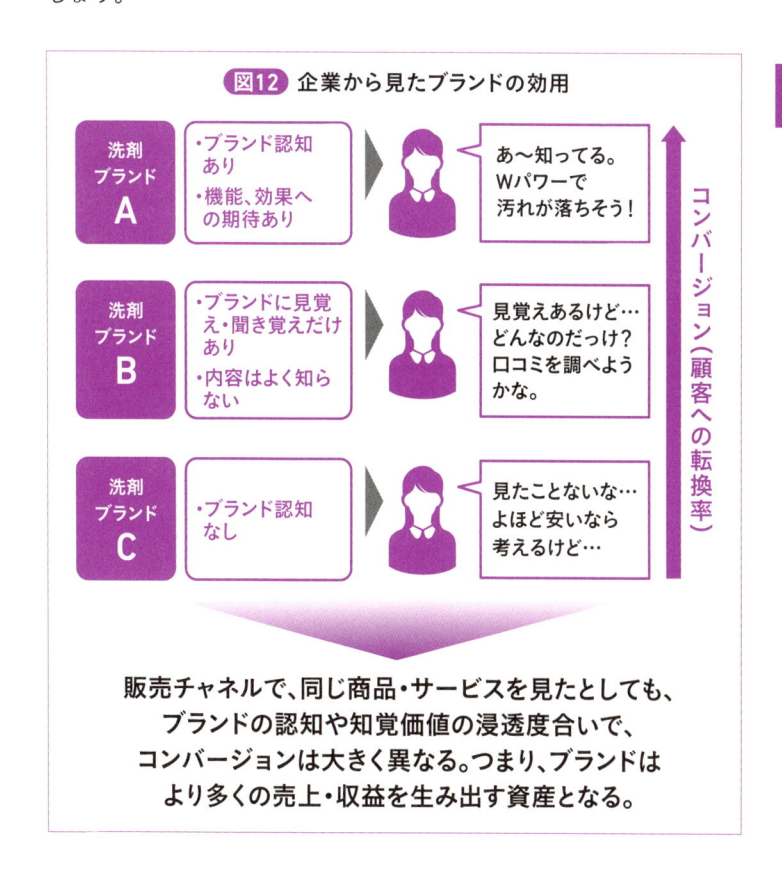

図12 企業から見たブランドの効用

洗剤ブランド A	・ブランド認知あり ・機能、効果への期待あり	▶	あ〜知ってる。Wパワーで汚れが落ちそう！
洗剤ブランド B	・ブランドに見覚え・聞き覚えだけあり ・内容はよく知らない	▶	見覚えあるけど…どんなのだっけ？口コミを調べようかな。
洗剤ブランド C	・ブランド認知なし	▶	見たことないな…よほど安いなら考えるけど…

コンバージョン（顧客への転換率）

販売チャネルで、同じ商品・サービスを見たとしても、ブランドの認知や知覚価値の浸透度合いで、コンバージョンは大きく異なる。つまり、ブランドはより多くの売上・収益を生み出す資産となる。

No.
09

[ブランディングの基礎]

品質は知覚されて
はじめて競争力になる

「ブラインドテスト」というものがあります。テレビを例に挙げると、画面以外の外枠デザインを隠した状態、つまりどのメーカーの製品かわからない状態で消費者に見てもらいます。すると「どのテレビの画質がいいですか」という質問に対して、「画質がいい」と高く評価された商品と、画質のよいイメージを持たれているブランドの商品や、市場シェアの高い商品がまったく整合しないということが起こります。

ところが、市場の高いテレビブランドを買った人に、購入の動機を聞いてみると、「画質がいいから」という答えが返ってきます。さらに面白いことに、「量販店の店頭で見たときに、ほかと見比べて、画質がいいかわかりましたか」と質問すると、「わからなかった」と回答するのです。

では、彼らは何をもって「画質がいい」と判断したのか。それは、==メーカーの訴求で形成されたブランドの認識にほかなりません。==シャープのアクオスであれば「亀山工場で生産しているから画質がいい」とか、他のメーカーなら「画像エンジンが優れているから画質がいい」というメーカーの訴求により、そのロジックが頭に刷り込まれているわけです(図13)。

● ニッチな層には受けるが売れないケースも

ここで伝えたいことは「品質が低くても、ブランドさえうまくつくれば売れるから、品質はないがしろにしてよい」ということではありません。==成熟した技術や市場では、メーカー視点からは「大きな品質差」と思っていても、消費者の大半からは「違いを評価できない」こともあ==

るため、「よい品質を実現するだけでは売れない」ということです。

第1章でも述べたように、よい品質やスペックを実現したら、それを消費者に知覚価値として認識されるための努力が必要なのです。品質が低いものを高いものに見せるハリボテのブランディングは、一時的に成功しかけても、口コミが発達したインターネット社会では瞬時にメッキが剥げて短命に終わります。そのためモラルの問題だけでなく、経済合理性もありません（図14）。

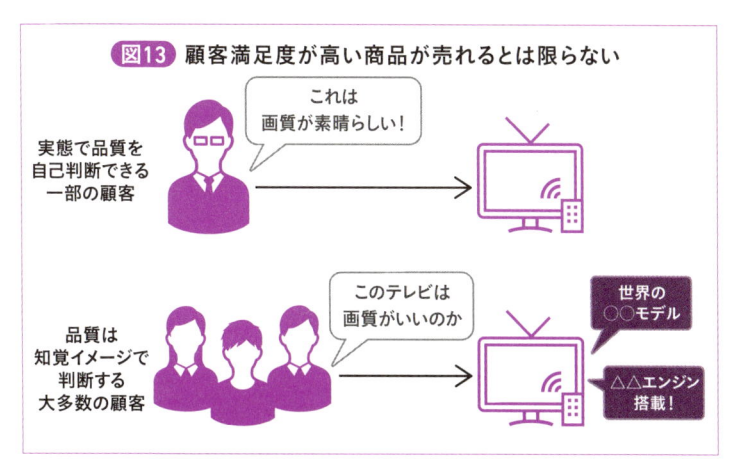

図13 顧客満足度が高い商品が売れるとは限らない

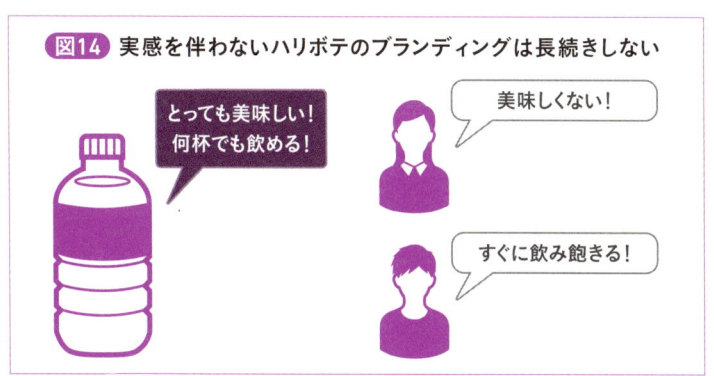

図14 実感を伴わないハリボテのブランディングは長続きしない

`COLUMN` # ブランドは企業の占有物だが
実質的には社会の共有物である

　ブランドは法的には企業の占有物ですが、顧客や社会の期待を背負っているという側面もあります。そのため、実質的にはブランドは社会や消費者との共有物にもなっています。消費者に広く、深く受け入れられているブランドであれば、なおさらです。

　ファッションブランドのギャップは2010年にCIロゴを変更すると発表しました。これに多くの顧客がSNSのコメントで猛反発する事態が発生。結局、ギャップは変更を撤回することになります。後講釈になりますが、それだけ強い反発が起こったのは、消費者が「ギャップとはこういうものだ」と認識している、何かのテイストやニュアンスを、新しいCIロゴでは継承できなかったということでしょう。

　ただし、「消費者の反対があるならCIロゴの変更はやめよう」と安易にいいたいのではありません。抵抗や摩擦があってでも、戦略目標達成のためにどうしても大きな変更が必要だということであれば、たとえ現顧客の一部の離反を招いてもやるべきときはあります。

　ブランドは共有物でもあるので、変更する際には消費者のブランドに対する想いを汲み取りながら慎重に、ということですね。

CHAPTER

2

ブランド戦略って何?

No.
01

［ブランド戦略の基礎］
ブランド戦略は
競争力を安定させる

● ブランド戦略を継続すると価値がストックされる

　世の中の大半のビジネスは、自覚、無自覚の違いはあれども、ブランド戦略を持っていません。私がそういうと、「何だ、ブランド戦略がなくても大丈夫なんじゃないか」と思う人もいるかもしれません。

　しかし、市場での競争力において、その瞬間の商品力やプロモーション力だけに頼っていると、安定しません。市場では、競合に機能や品質で追いつかれる、低価格競争を仕掛けられるなど、コントロールできない力学があり、自社が市場での競争力を失うリスクはたくさんあります。

　ブランド戦略を持つことのメリットの1つは、まさにそこへの対処にあります。ブランド戦略を継続するほど、消費者に価値が知覚認識され、消費者の頭の中に、そのブランドの価値が蓄積されていきます。これにより、市場での競争力が安定するのです（図1）。

● 侮れないブランドの残存効果

　メーカーAの新商品が、競合メーカーの新商品よりもスペックで劣っていたとしましょう。それでも、Aがこれまでブランド力を積み上げていたならば、「Aのほうが伝統的に品質がいいといわれているから」など、いろいろな理由で選んでもらえる可能性があります。要はその瞬間の商品の優劣で負けたとき、すぐに売上減とならないような状況が生まれるのです。このブランド力の残存効果は馬鹿にできないものがあります（消費者が低関与な商材や、品質の自己判断が難しい

商材では、機能的な実態の優劣よりブランド力のほうが購買に大きな影響を与えます）。

　もちろん、あえてブランド戦略を持たないという選択肢もあります。そのメリットは、一貫性や継続性にとらわれる必要がないので、「朝令暮改をいとわない徹底的なゲリラ戦ができる」ということでしょう。ただし、残存効果がないため、競争力を一瞬のうちに失い、あっという間に陥落、という憂き目を見る危険性が常につきまといます。

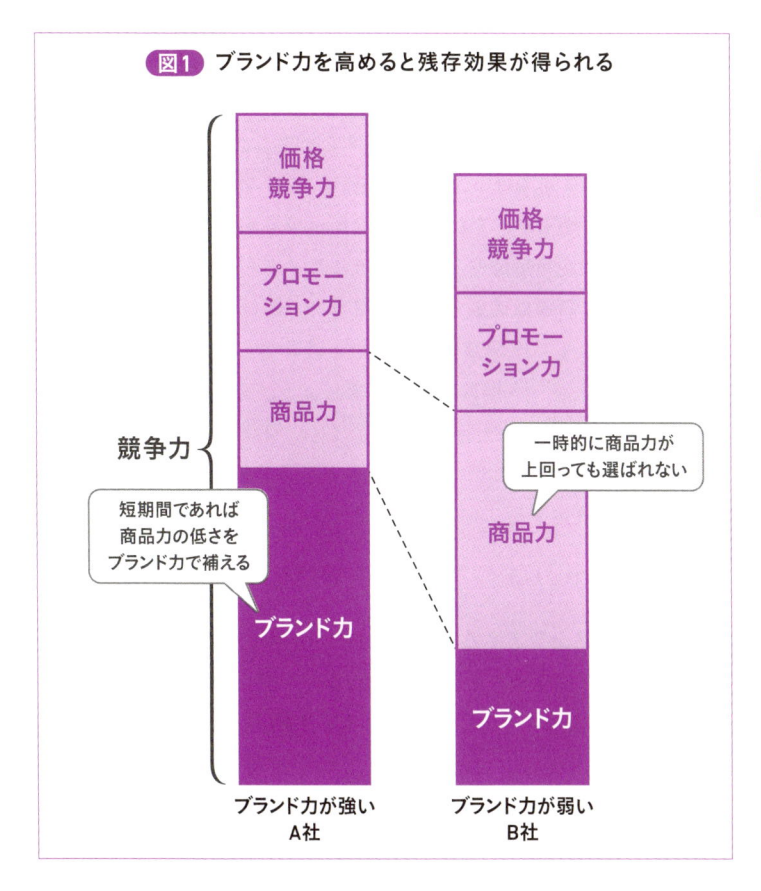

図1 ブランド力を高めると残存効果が得られる

価格
競争力

プロモーション力

商品力

競争力

短期間であれば
商品力の低さを
ブランド力で補える

ブランド力

ブランド力が強い
A社

価格
競争力

プロモーション力

一時的に商品力が
上回っても選ばれない

商品力

ブランド力

ブランド力が弱い
B社

No.
02

［ブランド戦略の基礎］
ブランド創りは体制づくりと与件整理から

　企業の中でブランド創りを実行していく際、最初のステップとなるのは推進体制の構築と、与件（与えられた条件や隠れた制約条件）の整理です（図2）。ブランド戦略の検討対象となる商品・サービスの基本的なビジネスや市場構造（自社・競合の売上・利益・市場シェアなど）を理解するための情報収集・分析と共に、プロジェクト推進のための社内体制を整え、検討上の与件を把握します。

　ブランド戦略で市場競争力を高めるには、マーケティング4P施策への落とし込みが大切です。そして、4P施策は事業部門が権限を持つ領域です。抽象的な企業理念やアイデンティティを表現する企業ブランド戦略であれば、事業数値責任のないブランド専任部署が担ってもよいでしょう。ただし、市場競争力を高める戦略ならば、事業の数値責任を持つ部門が主導する推進体制にしましょう。そうしないと、現実的には戦略が実行されず機能しません。もし、ブランド戦略部や広告宣伝部など他部門がブランド戦略を起案するのであれば、事業部側を巻き込んで意思決定することが欠かせません。

◉ 経営サイドの与件を引き出して検討領域を狭める

　ブランド戦略を策定する際、あらゆる可能性を網羅的に考えて検証をしていては、多くの人や時間を割いてもうまくいきません。**短時間でよい戦略を策定するには、制約となる与件事項を見極め、絞り込んだ領域で深く検討することが大切です。**たとえば、経営側ですでに決めている「来年度は利益を確保するため、巨額広告投資はNG」という予件があるのを理解しないままに、巨額なマス広告による小売の棚ス

ペース獲得が前提となるような戦略を立てて提案しても、経営側からすると的外れの内容となり、時間の浪費に終わる危険性があります。

また、ブランド投資の効率化を図るために商品ブランドの統廃合を経営陣に提案したら、「そのブランドは創業者がつくった企業の象徴だからやめるわけにいかない」というようなことも。担当者にとっては名案と思えても、経営者からすると、「事前に話もなく、そんなところに踏み込まれても困る」ことが現実にはあります。

図2 ブランド創りプロセスの全体像

① プロジェクト体制と戦略方向性検討
1. プロジェクト推進体制の検討
2. 基本情報の収集・分析、与件整理

② ブランドターゲットの設定
1. 市場・顧客仮説の抽出と検証
2. ブランドターゲットの評価・選定
3. ブランドターゲットのプロファイル分析

ターゲットのプロファイル

③ インサイトに基づく顧客体験デザイン
1. 顧客行動プロセスとインサイト抽出
2. 顧客体験施策と実現の仕組み検討
3. 顧客体験マップへの集約

顧客体験マップ

④ ブランド戦略と4P施策要件の策定
1. ブランド知覚価値の設計
2. ブランド識別記号の開発
3. 4P施策要件の策定

ブランド知覚価値
ブランドターゲット
インサイト
コアバリュー
パーソナリティ
ベネフィット
エビデンス

⑤ 4P施策のPDCAサイクル運用
1. 業務・意思決定プロセスの定義
2. KPIの定義
3. 運用組織の設計

4P施策のPDCAサイクル
Product
Promotion
Place
Price

No.
03

［ブランド戦略の基礎］
自社の立場で
戦略の定石は変わる

◉ 王者とチャレンジャーで異なる戦略

　戦略の根本的な部分で、自分たちが王者なのか、チャレンジャーなのかを判断し、戦略の定石を押さえることも重要です。それぞれの立場によって、勝てる見込みがある戦略アプローチは異なります（図3）。

　王者とは、自動車でいえばトヨタ、携帯電話キャリアならNTTドコモのようなブランド。**同じような商品・サービス・価格であれば、多くの人は王者のブランドを選択します。**そのため、下位の競合ブランドが仕掛けてきた差別化要素に対抗して、同じような施策をあてていけば、結果的に同質化し、競争力を保つことができます。

　王者はより強いブランド力があり、その多くは販売チャネルも充実しているので、同じような商品が出てくれば、消費者の多くはわざわざ下位ブランドの商品を買おうとは思わないからです。

　たとえば、トヨタが、スバルやマツダのようなメーカーの車を真似てつくれば、相当な販売シェアを奪うことができます。しかし、逆に、チャレンジャーであるスバルやマツダがトヨタの車を真似ても売れません。**下位のチャレンジャーのブランドは、上位と差別化しなければ選ばれる理由がありません。**とはいえ、スマホの時代にガラケーを出しても売れず、ハイブリッド全盛時代にハイブリッドエンジンなしの車は売れないでしょう。このように、消費者からすれば同質化しても満たしてほしい、いうなれば**「選択の土俵に乗るための要件」は押さえつつ、他の要素で差別化するというバランス感覚がないと、ニッチすぎ**

て販売量が少ない商品になります。そのバランスは目指す市場シェア次第で変わります。

図3 それぞれの立場がとるべき戦略

自社ブランドの立場に応じて、定石となる戦略の力点は異なる。
＊立場は、市場シェアと共にブランド評価も加味して判断する

立場	王 者 圧倒的優位な1位 ＊シェアや評価の差が 2位と大差	チャレンジャー 上位集団ポジション ＊1位でも2位以下と僅差の 場合はここ	負け犬 下位集団ポジション ＊顧客の選択の土俵に 入れていない
戦略の定石	守り ＋ 差別化	差別化	土俵要件 ＋ 差別化
	・チャレンジャーブランドの差別化施策の効力をなくすため、似た施策を提供して差別性を奪い、競争力を守る ・守りと平行して、下位との差別化を図る	・王者や同じポジションのブランドと差別化を図る ・ローリスク・ローリターンな既存カテゴリー内での差別化と、ハイリスク・ハイリターンな抜本的イノベーションによる差別化に大別される	・多くの顧客に選ばれる土俵に上がるための要件を担保したうえで、差別化を行う

● 王者気質の会社は見極めでミスしやすい

　自社ブランドの立場と適合しない戦略を選んでしまう落とし穴にはいくつかパターンがあります。1つ目は「ほかに圧倒的王者の主力事業ブランドがある企業」です。この場合、組織の意思決定は“王者の戦略＝総合化して全ニーズに応える勝ち方”に慣れてしまい、無意識のうちに自社が弱者であるカテゴリーの商品ブランドでも、チャレンジャーとして差別化することなく守りの戦略をとって失敗しがちです。

　2つ目は「自社では過去の延長線カテゴリーと思っているが、消費者からすると新しいカテゴリーに見えるとき」です。ブラウン管テレビから薄型テレビ、ガラケーからスマホ、このように商品形状が大きく変化するときに消費者は新カテゴリーとみなし、過去のブランド力はリセットされやすくなります。そのため過去の形状で王者だった企業側は、その自負心と過去からの習慣ゆえに差別化ではなく「全スペックが優れたモノ」を目指し続けて失敗するケースが目立ちます。

COLUMN　専任部署「ブランド戦略部」の苦悩

　日本の大手企業では2000年頃にブランド戦略が流行となり、多くの会社でブランド戦略専任の部署が設立されました。しかし、いざ立ち上げてみても経営層トップの関与が弱く、事業戦略やマーケティング4P施策と密接な関係にあるブランド戦略を統括する役割でありながら、それだけの権限と権威がなく頓挫した例は多いのです。商品ブランドの場合は、実際にビジネスの意思決定を担う事業部からの連携を促すインセンティブがなく、企業ブランド施策の場合は、企業ブランド広告

を打ってみたものの効果が見えずに活動が減少するパターンが目立ちました。そうなると、残された部門の業務はブランド評価の調査、ブランドロゴ運用管理に留まってしまいがちになります。市場競争力を高めるというよりは、むしろブランド評価が低下するリスクから守るための、ブランドルールの運用管理の業務が多くなりやすいのです。気の毒ですが、現場からは運用ルールが窮屈に感じられ、影では「ロゴポリス」などと揶揄されがちです。

　これらの問題の真因はブランド戦略部門の当事者の問題ではなく、「市場競争力を高めるには事業部の関与と推進が必要」ということの理解に欠けた経営陣側に要因があることが多いのです。ブランド戦略の専任部門をつくるときは、市場競争力とは直結しないけれど大切な「企業の理念的なメッセージの発信」が目的なのか、「事業部の商品・サービスのブランド戦略立案、実行、軌道修正のサポート」が目的なのかを明確にし、後者であれば特に経営側は手厚く支援し、事業部側の協力を引き出すことが必要です。

　ブランド戦略部門の設立には、経営層が関与し、ブランドで解決すべき事業課題を明確にするなど、与件の明確化が成功につながります。日本の大手企業の特性としては、すでに事業部と連携が成立し、一定の権威も確立した経営企画部内でブランド専任機能を立ち上げると、比較的スムーズに機能しやすい傾向があります。経営企画や経営管理の部門は事業部門に比べればプレッシャーはだいぶ穏やかですが、売上や収益の成長に関心が高く、投資の費用対効果にもシビアという部門特性があり、それがブランド戦略運営によい影響を与えているように見受けられます。

No.

04

［ブランド戦略のターゲット］

ターゲット設定の
基本的な考え方

　ここでは、ブランド戦略におけるターゲットを設定する意味を解説します（図4）。**まず1つは、施策の一貫性を保つ拠り所にするため。**たとえば、商品のセンスがいいことは価値になります。しかし、「センスがいい」と感じるものは人それぞれ。ですから、どのような顧客層にとってセンスがいいのかを社内で定義し、共有しておかないと、「センスのよさを感じさせる施策」も担当者の解釈次第でバラバラになってしまいます。

●「ターゲット顧客を絞る＝売上減少」ではない

　もう1つの意味は、顧客像そのものを、ブランドの魅力とするためです。特にプレミアムブランドでは、その傾向が顕著です。たとえばあるファッションブランドが、最初はおしゃれな人に大ウケしたとします。そのブランドが売れるにしたがって、どんどん着用する人も増えていきました。すると、ちょっとダサい人までがそのブランドを身につけるようになります。そんな状況は、最初にそのブランドに飛びついたおしゃれな人たちからすると、ちょっと許せません。そうなると結果として、「あのブランド、もう終わったよね（マス化したよね）」といわれるようになってしまうのです。逆にいえば、高級であることやおしゃれであることが大切な価値のブランドは、顧客を増やしながらも、顧客像のイメージ拡散を防ぐことが重要になります。

　ターゲット顧客を検討する際、よくある懸念の声は、「絞り込んで捨てる＝売上が減る」と考えてしまうこと。確かに、顧客を絞り込むことで顧客が減るように感じるかもしれませんが、全面禁煙にして喫

煙者を排他したことで価値を高めたスターバックスや、女性専用車両の設定によって女性顧客から歓迎された鉄道会社のように、排除されずに残ったターゲットには喜ばれて価値が高まる例もあります。ライバルが多い市場環境では、全員に好かれようとして中庸な存在になると、誰からも選ばれません。特に好かれたい相手を設定することは施策の判断基準となり、その一貫性がブランドのファンを生み出す源泉となります。

図4 ターゲット顧客を設定する意味合い

ターゲット顧客設定とは

・施策の一貫性を保つ拠り所
・顧客像そのものを魅力とすることも

ターゲット顧客設定とは

・顧客を絞り込んで捨てる（減らす）こと

No.
05

[ブランド戦略のターゲット]

ブランドターゲットと
セールスターゲット

　ブランド戦略におけるターゲットは、「ブランドターゲット＝象徴的顧客」と「セールスターゲット＝販売拡大先の顧客」の2つがあります（図5）。ブランドターゲットとは、ブランドの思想や世界観に強く共感して、理想的なユーザー像として企業と一緒にブランドを創っていく象徴的な顧客層です。端的にいえば、その人がユーザーであることがよいイメージになり、ビジネスのプラスになる層です。

　一方のセールスターゲットは、ブランドターゲットのように強い共感があるわけではないけど、商品・サービスを選んで買ってくれそうな人のこと。ブランド自体や、ブランドの象徴的顧客に憧れて背伸びして買う人もいれば、機能性や価格に魅力を感じて買う人もいます。その理由は様々でよく、複数設定する場合もあります。

● 象徴的顧客を提示する効用

　たとえば新しく高級和菓子ブランドを創ったとしましょう。そのとき、店内に貼るポスターや広告に人の写真を入れるとき、上品な着物美人をチョイスしたと想像してください。最初は、その着物美人と近いような、少しお金を持った上品な女性が買いそうです。でも、その和菓子が美味しく、メディアや口コミで評判になれば、Tシャツとジーパン姿の女性だって買いにくるでしょう。そのうち、ちょっとチャラチャラした感じの女子大生や、男性サラリーマンも、味の評価を聞いて友だちや取引先へのお土産にするかもしれません。しかし、最初からTシャツとジーパン姿の女性や女子大生、男性サラリーマンをイメージキャラクターにしていたら、高級品というイメージは確立でき

ず、上品な女性のファンもつかず、同じような広がり方はしないでしょう。

　ブランドターゲットは象徴的顧客像を守るためにリーチの広い施策に適用し、セールスターゲットは個別対応できる販売現場のセールストークの判断基準に適用するといった使い分けが大切です。iPhoneのユーザーも熱狂的なアップル信者から、単に「便利だしメジャーだから」と選んだユーザーまで幅広いユーザーを抱えています。

図5　ターゲット顧客の位置づけ

象徴的顧客（ブランドターゲット）

ブランドの思想・世界観レベルで強く共感し、
理想的ユーザー像として企業と共にブランドを創る層

新製品が出たら必ず買うぞ！

このブランドは私の生き方そのもの！

販売拡大先の顧客（セールスターゲット）

憧れ、機能性、価格など、様々な理由で購入する
売上規模確保のための拡販先となる層　※複数設定可

あのタレントが使っていたから買おう

みんなが買っているから買おう

コスパがよさそうだな

No.
06

［ブランド戦略のターゲット］
ベンツとBMWを
選ぶ層の違い

● BMWはベンツのカウンター

　高級車の代表格であるメルセデス・ベンツとBMW。今ではあまり意識されることもないかもしれませんが、もともと両者の受け入れられ方には違いがありました。

　実際にユーザーの価値観を定量分析した経験がありますが、大まかにいえば、メルセデスは伝統意識の強い富裕層に好まれます。メルセデスに乗ることは「格式・伝統のある家柄・存在なんだ」というアイデンティティを示す意味合いが含まれる傾向がありました。一方のBMWは、自分で人生を切り拓き、財を成した人が乗るもの。メルセデスと対比すれば、「家柄や伝統の恩恵ではなく、自分で人生を切り拓き、稼いできた」と主張する意味合いを含むものでした（図6）。

● 多種多様な顧客の中のブランドターゲット

　BMWは2016年に日本国内で年間5万台強を売っています。それだけ売れれば、乗っている人も選んだ理由も実際は多種多様でしょうが、テレビCMやカタログに登場するユーザー像は、ちょっとイノベーティブなビジネスエグゼクティブ層（とその家族）というイメージは崩しません。

　現実にはBMWを選んでいる人の中にも、「車に大して興味はないけれど、乗るなら高級ブランドがよい」と選ぶ女性もいるし、走りのよさで選んだ元走り屋だっているでしょう。

　しかし、それらのユーザー像がCMに登場することはありません。

なぜなら、彼らはあくまでセールスターゲットであり、ブランドターゲットではないからです。BMWがプレミアムブランドであり続け、メルセデスと差別化するには、あくまでも「イノベーティブな稼げる人」をブランドターゲットとして描き続ける必要があると判断していると推察されます。

　もちろんメルセデスも、低価格帯車種の投入やユーザー若返りを意図して、近年はターゲットイメージを変えてきていますし、BMWのターゲットイメージには、アウディが近いアプローチで攻め込んできています。これらは市場競争の中で、一貫性と市場適応のせめぎ合いをしながら判断を続けていきます。

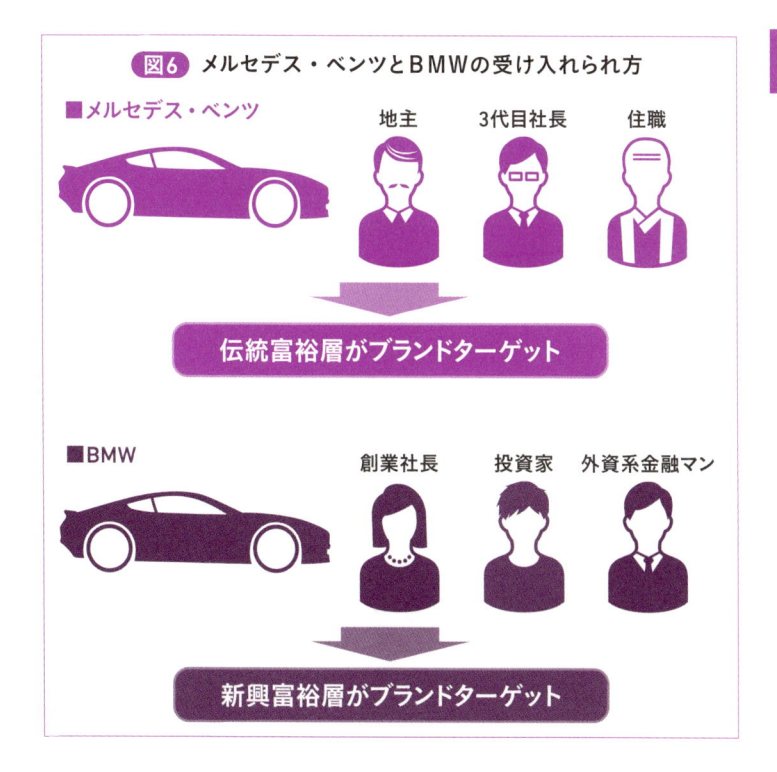

図6　メルセデス・ベンツとBMWの受け入れられ方

■メルセデス・ベンツ

地主　　3代目社長　　住職

伝統富裕層がブランドターゲット

■BMW

創業社長　　投資家　　外資系金融マン

新興富裕層がブランドターゲット

No.

07

［ブランド戦略のターゲット］

インサイトとは購買行動を引き起こす生々しい本音

● チャンス喚起とリスク喚起のアプローチ

　ブランド戦略における顧客インサイトとは、「そこを突かれると感情が揺れ動き、購買喚起につながるような生々しい本音」というような意味合いで使われています。

　感情の喚起につながるアプローチは、大きく分ければ「チャンス喚起」と「リスク喚起」の2つしかありません。 よりよいことが起こるかも、起こせるかもというチャンスを期待する気持ちを喚起するアプローチと、現状を放置するとまずいことが起こるというリスクを不安に思う気持ちを喚起するアプローチです（図7）。

　この顧客インサイトがブランドのコアバリューと一対の関係で理解しやすいと、消費者にとっては価値がわかりやすいブランドになります。たとえば、ダイソンはリスク喚起のアプローチで「吸引力の変わらない、ただひとつの掃除機。」という CM メッセージを繰り返しました。これにより、「自分の掃除機は、吸引力が低下し、取り残しがあるのでは？」と潜在的なリスクを喚起し、「ダイソンの掃除機であれば大丈夫かも」と感じさせるわけです。

● 扱いが難しいリスク喚起型

　顧客インサイトは、生々しい感情をうまく突いているほどブランドの存在がわかりやすく際立ちます。 たとえばユニリーバの「AXE」という男性向けフレグランスやボディーソープのブランド。ユニリーバのリサーチチームが男性の調査を重ねた結果、男性には普遍的な願望があ

ると見定めました。それは「今の自分のままで、魅力的な女性のほうからアプローチされたい」というもの。その男性側の普遍的な願望を刺激するような CM を展開し、実際に多くの国の市場で成功を収めています。何か画期的な技術要素があるブランドではなく、チャンス喚起の顧客インサイトの突き方のうまさで世界中の市場を攻略した例といえるでしょう。

　リスク喚起型は、購買につながりやすいという研究結果も存在しますが、一方で下品に煽りすぎると、顧客を脅かしているように感じられ、社会から批判されるリスクもあります。保守的な日本の大企業は、企業体質としてリスク喚起型メッセージを避けがちな傾向もあります。

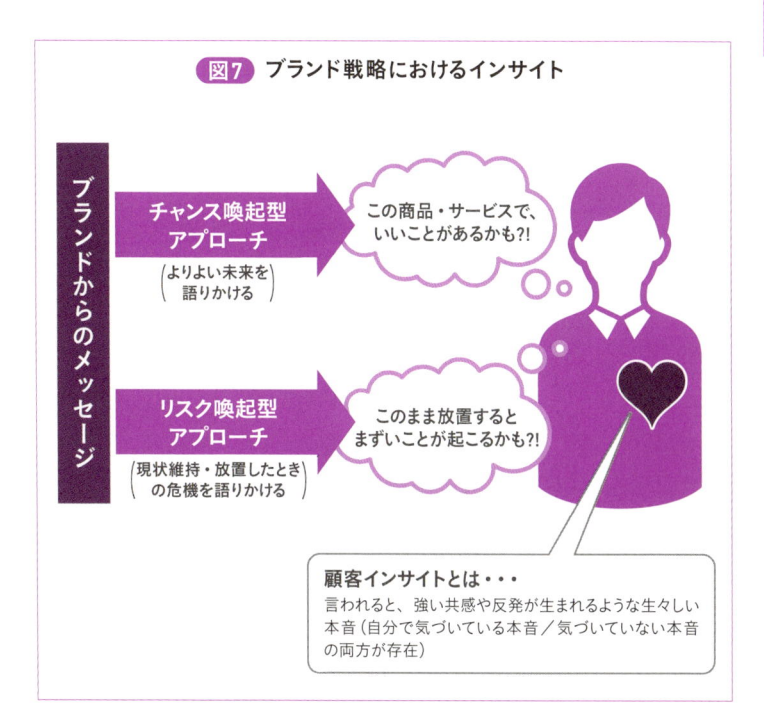

図7　ブランド戦略におけるインサイト

ブランドからのメッセージ

チャンス喚起型アプローチ
（よりよい未来を語りかける）

この商品・サービスで、いいことがあるかも?!

リスク喚起型アプローチ
（現状維持・放置したときの危機を語りかける）

このまま放置するとまずいことが起こるかも?!

顧客インサイトとは・・・
言われると、強い共感や反発が生まれるような生々しい本音（自分で気づいている本音／気づいていない本音の両方が存在）

No.
08

[ブランド戦略の知覚価値]

ブランド戦略の設計図と なる知覚価値

　顧客体験の一貫性を生み出すには、マーケティング4P施策の判断基準となるものが必要です。それがブランド戦略における知覚価値です。**まず理解しておくべきは、ブランドの知覚価値は生活者が主語になるものと、ブランドが主語になるもの、双方が対になって構成されているということ。**生活者が主語になる部分は、そのブランドにとって象徴的で、強い絆で結ばれるべき顧客像とインサイトを定義するものです。どれだけスペックが優れた製品であっても、企業側がインサイトを見誤っていれば、コアバリューや伝え方の文脈を誤り、ターゲットの琴線に触れることはできません。

● オンリーワンとナンバーワンは強い

　ダイソンを例に見てみましょう。ダイソンといえば、「吸引力の変わらない、ただひとつの掃除機。」というフレーズがパッと浮かぶでしょう。彼らはモデルチェンジを繰り返しても、ひたすらそのメッセージを発信し続けています。ブランド知覚価値の構造は図8のようになると推察されます。吸引力の減少率の低さに目をつけ、それをリスク喚起のインサイトにまで結びつけたことこそが戦略の肝ですね。**「何か突き抜けてほかと違うところがある」か「同じ要素を持っていてもナンバーワンのレベル」か、そのどちらかを持っているブランドはとても強いです。**ダイソンも昔であれば「サイクロン方式であること」だけで差別化できていたでしょう。でも、今は国産掃除機もサイクロン方式だらけです。そのため「吸引力が変わらない」という新しい視点で差別化したことがブランド知覚価値を際立たせています。私たち

のようなブランドコンサルタントは、クライアントの商品・サービスにおいて、そのように差別化して押し出せる部分がないかを多様な視点から探し、顧客調査で魅力度を検証します。

このように定義したブランド知覚価値は、あらゆるマーケティング4P施策で顧客が実感できるように反映し、施策間や時系列の整合性をチェックすることでブランド力を高め、市場競争力を高めていきます。

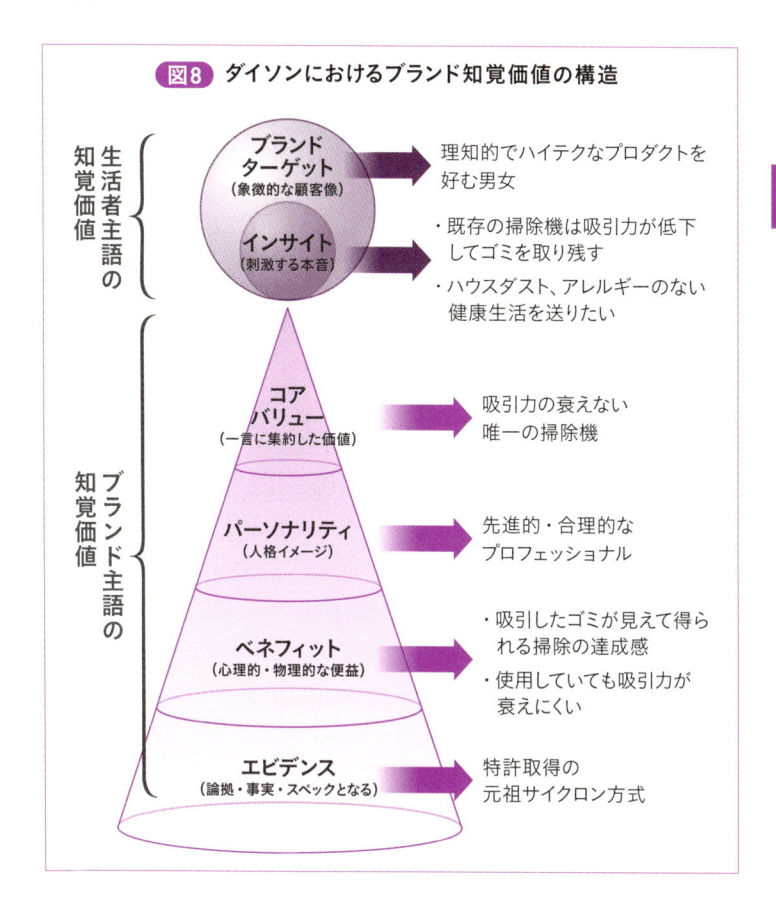

図8 ダイソンにおけるブランド知覚価値の構造

生活者主語の知覚価値

- **ブランドターゲット**（象徴的な顧客像）→ 理知的でハイテクなプロダクトを好む男女
- **インサイト**（刺激する本音）→
  ・既存の掃除機は吸引力が低下してゴミを取り残す
  ・ハウスダスト、アレルギーのない健康生活を送りたい

ブランド主語の知覚価値

- **コアバリュー**（一言に集約した価値）→ 吸引力の衰えない唯一の掃除機
- **パーソナリティ**（人格イメージ）→ 先進的・合理的なプロフェッショナル
- **ベネフィット**（心理的・物理的な便益）→
  ・吸引したゴミが見えて得られる掃除の達成感
  ・使用していても吸引力が衰えにくい
- **エビデンス**（論拠・事実・スペックとなる）→ 特許取得の元祖サイクロン方式

No.
09

［ブランド戦略の知覚価値］
ブランド知覚価値を
考えるときの注意点

● キャッチコピー大会に終始してはいけない

ブランド知覚価値を考えるときに、気をつけるべきことが2点あります。

1点目はインサイトとコアバリューの関係がきれいに1対1になっているか（図10）。チャンスをもたらすにしろ、リスクを回避してくれるにしろ、ブランドの提供している価値が、インサイトに対して、明白にメリットがあるもの（コアバリュー）になっていなければ理解されません。前述のダイソンであれば、「吸引力の変わらないただ1つの掃除機」というコアバリューのメッセージによって「既存の掃除機は吸引力が低下し、ゴミを取り残しているかもしれない」というリスク意識を喚起しています。特に、コアバリューとインサイトは、内容が連動していないと、コミュニケーション施策に落とし込んでも伝わりません。

2点目が、概念図を穴埋め問題と勘違いしてしまうこと。ブランドの関係者で集まって、ワークショップのような形式で「エビデンスやベネフィットは何だろう？」と会社の中で考えるときに陥りがちなのですが、それぞれの要素の戦略的な合意なしにはじめると、おのおのの勝手な見解をいうだけの、いわばキャッチコピー大会になってしまいます。

ブランド戦略策定の最初の段階で決めるべきは、「ブランド知覚価値をもとにしたキャッチコピー」ではなく、「このブランドは何を武器に、どのようにして戦っていくのか」という骨太の概念です。

そもそも、自社ブランドの要素で、競合にはない差別化されたエビ

デンスやベネフィットは何か？そもそも象徴的な顧客とはどのような人か？それらの絞り込みを事前にすることなく、いきなりすべての階層を言葉で埋めるワークからスタートすれば、各人各様の記載内容となり、集約するのは不可能な状態に陥ってしまいます。言葉の枝葉のニュアンスの最終化はコピーライターや責任者の仕事とし、大勢で言葉の好き嫌いの議論に立ち入らないことも重要です。

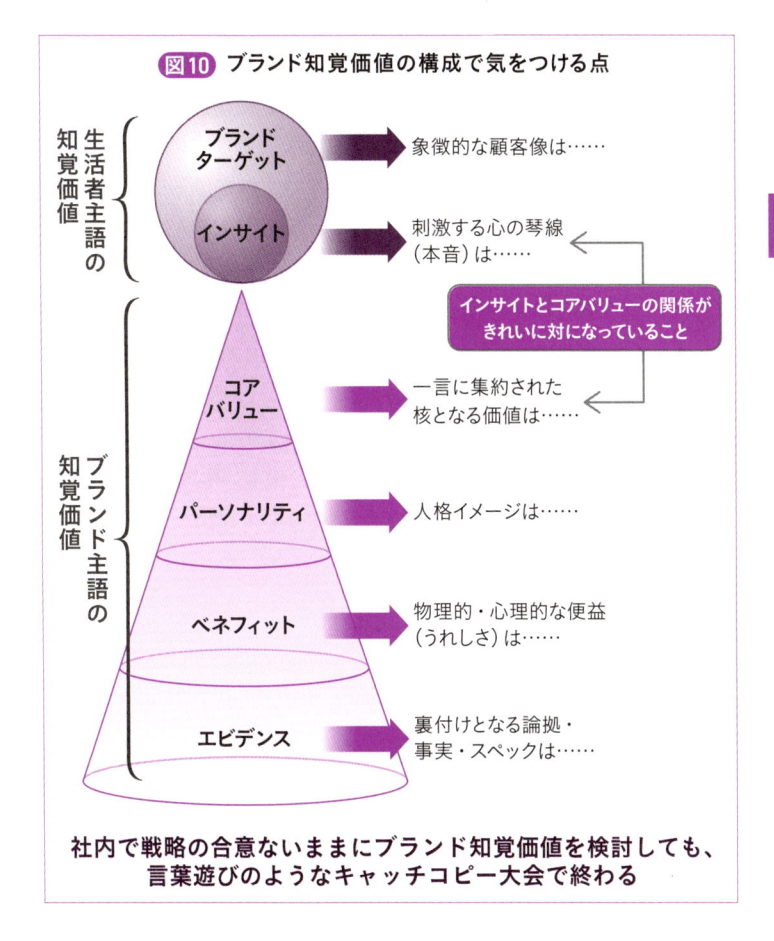

図10 ブランド知覚価値の構成で気をつける点

生活者主語の知覚価値
- ブランドターゲット → 象徴的な顧客像は……
- インサイト → 刺激する心の琴線（本音）は……

インサイトとコアバリューの関係がきれいに対になっていること

ブランド主語の知覚価値
- コアバリュー → 一言に集約された核となる価値は……
- パーソナリティ → 人格イメージは……
- ベネフィット → 物理的・心理的な便益（うれしさ）は……
- エビデンス → 裏付けとなる論拠・事実・スペックは……

社内で戦略の合意ないままにブランド知覚価値を検討しても、言葉遊びのようなキャッチコピー大会で終わる

No.

10

［ブランド戦略の知覚価値］

左脳的な選び方と
右脳的な選び方

● リテラシーの高さと、左脳／右脳タイプで異なる購買プロセス

　類似の製品・サービスからどれかを選択するとき、リテラシーが高い人や、左脳・論理的な人は理詰めで購買候補を絞る傾向にあります。逆にその対象カテゴリーに詳しくない人や、右脳・感性的な人は、なんとなくの印象やイメージが強く影響します。それぞれ左脳的な選び方、右脳的な選び方といってもいいかもしれません（図9）。

　左脳的な選び方というのは、たとえば、雑誌『日経トレンディ』的な製品の選び方といえるかもしれません。「クレジットカード徹底比較」といった感じで、サービス内容のスペック表が網羅的に並んでいて、「このカードはこういうところがいいけど、この部分はほかのカードに劣る」というように紹介していたりしますよね。

　つまり、左脳的な人は網羅的に情報を洗い出し、相対比較をして論理的に納得したうえで購買候補を絞り込むという傾向があります。

　右脳的な選び方は、CMが面白いとか、好きなタレントが推奨してるから、ブランドやデザインが感情的に好みだからといった判断基準になります。

● どちらの顧客を狙うか？

　ファッション誌などでも、左脳を刺激する媒体なら、製品のスペックや、職人・工場のこだわりを前面に押し出し、文字情報の多さで製品のよさを啓蒙します。逆に右脳を刺激する媒体なら、写真比率を高めにレイアウトし、「なんとなく素敵」とか「着ているモデルに憧れ

る」という感情を刺激するつくりになっています。

　そもそもブランドとして、どちらのタイプのユーザーを中心にアプローチしているのか？という判断も重要ですし、メディア掲載を狙ったPRにおいては、それぞれの媒体が抱えるユーザー特性に合わせて、自社ブランドの伝え方の使い分けも考えて、準備しておくことが大切です。

図9　右脳派と左脳派の購買行動

■左脳的な選び方

性能を見比べて、しっかり選ぼう

スペック一覧表　　商品ホームページ

情報を網羅的に集め、論理的に判断する

■右脳的な選び方

なんか、こっちのほうが素敵。あの人も勧めているし。

テレビCM　　憧れのモデル

視覚と他者の推奨を頼りに、感覚的に判断する

No.
11

［ブランド戦略の知覚価値］
ブランド戦略のエビデンスを整理しよう

● 豊富にあるエビデンスの切り口

ブランド知覚価値の中で最も具体的なものはエビデンス（便益の論拠となる事実やスペックなど）です。エビデンスがほかのブランドと差別化されている場合、そのブランド固有の価値を説明しやすく、顧客からも納得されやすくなります。

たとえば「画期的な新成分を配合している洗剤で、これまでの洗剤と比べて汚れが30％多く落ちる」という科学的なデータや実験結果などのエビデンスがあれば、魅力は伝わりやすく、売れやすくなります。

エビデンスの種類は実に様々です。製法、技術、機能のようなハード寄りのものから、販売する人の提案プロセス、商品配送の速さ、アフターサービスなど、多用な切り口があります（図11）。

自社の内部の要素だけでよいエビデンスが見当たらないときには、「宮内庁御用達」とか、「NASAで使用された素材」など他社資源の活用や他社とのコラボレーションによってアピールする方法もあります。たとえばユニクロはヒートテックの素材を東レと共同開発し、発表会は東レの社長も招いて開催し、商品の繊維レベルの技術力への信頼確保を狙っています。

● エビデンスの選び方

エビデンスを選ぶ基準は大きく3つあります。1つ目は他社より優れている要素です。たとえば、ダイバーズウォッチでは、潜水に耐えられる水深が他社競合商品は10mのところを、自社は30m潜っても

問題ない、とするようなことです。

2つ目は、差別化された独自要素であることです。たとえば、セイコーのアストロンは「世界初のGPSソーラーウォッチ」と訴求し、GPS衛星電波から現在地の正確な位置・時刻情報を取得し、時差を修正する機能を持っています。高級腕時計としては独自性の高いエビデンスといえます。

3つ目は、顧客の知識レベルで理解できる概念や言葉であることです。マツダの「スカイアクティブ テクノロジー」のように、数多くの細かな技術の集積が実態でも、それらを括ったネーミングをし、素人にもわかりやすくするのも有効な方法です（図12）。

図11 主なエビデンス要素の切り口

原料・成分	研究開発力
工場・産地・地域	歴史・実績
製法・技術・機能	経営陣・文化
流通・デリバリー・サービス	他社資源の活用

図12 エビデンスを提示する例

アサヒ スーパードライ	製造後短期間に工場から小売店に配送することを訴求し続け、「キレがいい」喉ごしのエビデンスとして知覚させようとしている。
マツダ CX-5	スポーツ性能と環境性能の高さが両立していることを、「スカイアクティブ テクノロジー」という名称で訴求。詳細な技術の知識がない人にも、価値が伝わるようにしている。

No.

12

［ブランド戦略の知覚価値］

エビデンスを伝えるための
パッケージング

図13を見てください。ブランド主語の知覚価値は、上にいけばいくほど抽象度が高く、下にいけばいくほど具体的です。一番下の**エビデンスは最も具体的なため、とても強力な武器になります。ただし、消費者にもいろいろな人がいるため、エビデンスさえあれば価値が伝わる、とはなりません。**

ある分野についてリテラシーが高い人は、エビデンスさえわかれば、あとは自分で"翻訳"してくれます。つまりベネフィットを自分で想像し、判断することができます。逆に、リテラシーが下がれば下がるほどエビデンスに対する知識がないので、より抽象度の高いところ、たとえばCMに出演しているタレントがかっこいいからといったユーザー像のイメージで商品を理解し、惹きつけられる傾向にあります。

エビデンスに限らず、ブランド知覚価値で重要なのは、ターゲットの消費者が理解できる水準の概念や要素に咀嚼し、まとめ直して定義することです。

● 業界人と消費者の評価は違う

リテラシーの高い業界内部の人から見ると、「何か事実とずれているな」と感じるようなエビデンスであっても、一般の消費者には受け入れられることはどんな業界にもあります。

すでに例に挙げたテレビの液晶にしてもそうです。液晶パネルが国産であることや、「○○工場産」と、特定の工場で生産していることを売りにしているブランドも多いのですが、テレビの技術者の人にいわせると、実際にパネルの品質を左右するのは製造設備の世代だそう

です。つまり製造設備が新しければ、どの国で、どの工場でつくろうとも品質はよくなるということです。そして、それ以上に、回路設計技術こそが画質の肝らしいのですが、「このテレビは回路設計技術が優れているから画質がいいんです」と訴えたところで、ほとんどの消費者はピンときません。だからエビデンスは技術的に細かいことを前面に打ち出すのではなく、テレビのパネルや工場の地域に寄せて、情緒的に訴えかける戦略が出てくるわけです。

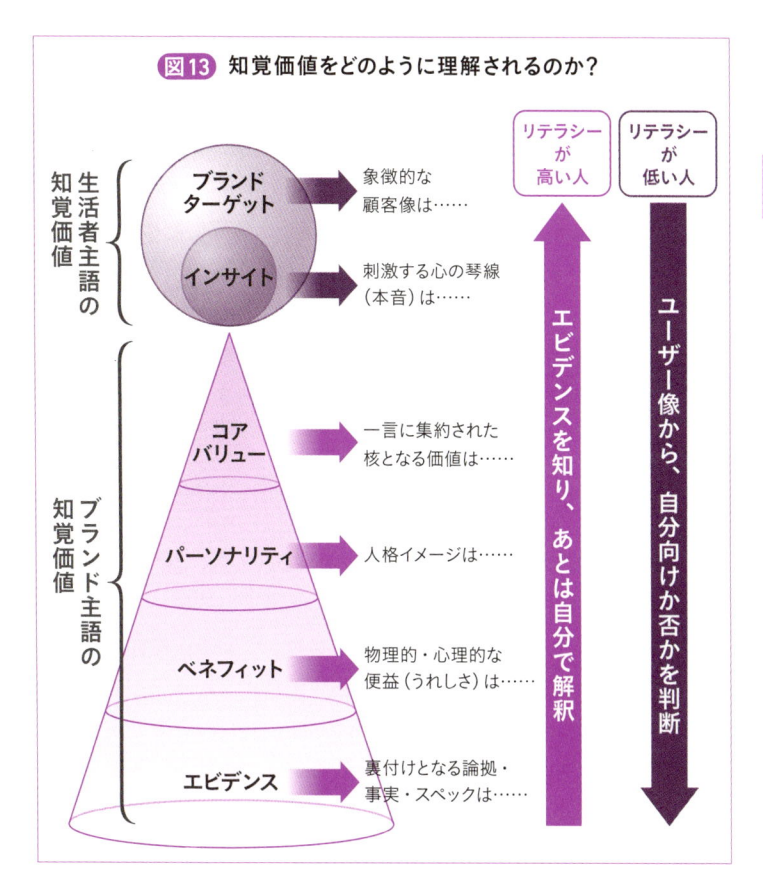

図13 知覚価値をどのように理解されるのか？

● 産地による差別化は、固有化が成功の鍵

　そういう意味でいえば、第1章で述べたような一部のテレビと、ミネラルウオーターの売り方は同じといえます。ミネラルウオーターの名前には「○○の水」といった産地をエビデンスとして、ネーミングで押し出した商品が非常に多いです。

　しかし、産地は独占的に使用できないと、差別化の武器としては機能しにくい懸念もあります。たとえば牛乳やヨーグルトなどの乳製品には「北海道」とついたブランドがたくさんあり、「北海道○○」という名前の独占使用は不可能です。それでもブランドの名前とし、エビデンスとして前面に押し出しているのは、実際に産地として優れていているだけでなく、消費者調査をすると「北海道」は「乳製品の産地として美味しそうなイメージ」の数値が極めて高いためです。

　対照的に産地エビデンスの固有化に成功しているのは「明治ブルガリアヨーグルト」。ブルガリア政府と交渉したすえに、日本では「ブルガリア」と名のつくヨーグルトは明治以外が販売することはできません。ここまでやれば、他社との差別化は明白。ヨーグルトのシェア1位、約3割を占めるのも納得です（図14）。

● エビデンスの定義はクリエイティブな発想で

　エビデンスの視点から多くのブランドを観察すると、多くの工夫を発見できます。原料・成分をエビデンスとして訴求しているのはサントリーです。ザ・プレミアム・モルツをはじめ、飲料系の商品ブランドの多くで、主原料である水が、品質の高い天然水であることを訴求しています。同社のエビデンスが秀逸なのは、「飲料の主成分は水であり、美味しさの鍵は品質のよい天然水」という知覚価値が消費者の頭に擦り込まれると、他の飲料商品のブランドにも波及効果があることです。サントリーは「南アルプスの天然水」のCMに長年投資してい

るため、質のよい天然水への期待がスムーズに想像されるでしょう。

　他にも、歴史という切り口であれば、エルメスの皮革は、馬具の皮革加工がルーツであることをエビデンスとして、技術力が高いという信頼感を生み出しています。人をエビデンスにして差別化している例としては、ソニー生命のライフプランナーが挙げられます。保険のセールスパーソンを、「ライフプランを相談する頼れる相手」と位置づけ、差別化が難しい金融サービスにおいて高い競争力を持っています。

図14　産地エビデンスで差別化を図った例

出所：「明治ブルガリアヨーグルト倶楽部」
http://www.meijibulgariayogurt.com/about/

出所：「サントリー ザ・プレミアム・モルツ 商品情報」
https://www.suntory.co.jp/beer/premium/about/

No.

13

［ブランド戦略の知覚価値］

マツダに学ぶ
技術のブランディング

● 優れた技術はブランド化してこそ競争力になる

　市場競争に勝つために知覚価値を意図的に定義して浸透させるというブランド戦略に対して、拒否感を示す企業経営層は意外に少なくありません。特に技術に対して強いプライドのあるメーカーの場合は顕著で、「圧倒的な技術で勝つことこそが王道で、知覚価値なんて見られ方のコントロールでちょろまかすのは、プライドが許せない」と考えてしまうのです。

　ただし、技術力とブランディングを巧みに組み合わせているメーカーもあります。その例として、前述したマツダの「スカイアクティブテクノロジー」のブランディングが優れている点をもう1つ紹介しましょう。スカイアクティブ テクノロジーというのは、何か1つの技術に与えられた固有名詞ではなく、エンジン、シャシー、サスペンションなど、マツダの持つ技術を包括的に括った技術ブランドといえます。

　マツダの技術者の方に「どのような優れた技術があるのでしょうか？」と聞けば、恐らく数十から百程度の技術について、いくらでも語れるでしょう。しかし、それらの細かな技術の積み重ねが車の優れた性能や乗り味を実現しているにしても、それだけの数の細かな技術を市場に語ったところで、多くの消費者には伝わりません。

　だからこそ、それらの技術を「スカイアクティブ テクノロジー」と包括し、「それを搭載しているから、マツダの車はよい」と知覚させるように訴求しています。消費者に届きやすくするために、いかに情報をパッケージングするか。そのお手本のような例といえます（図15）。

図15 スカイアクティブ テクノロジーのブランディング

シャシー

ボディ

エンジン

サスペンション

スカイアクティブ
テクノロジー

走行性能に優れている

個々のものではなく、
技術の総体としてパッケージングして訴求する

No.
14

［ブランド戦略の知覚価値］
企業文化によって異なる
勝ちパターン

　企業が商品・サービスを企画するときには、「インサイトはAだ。Aというインサイトを刺激するには、Bというバリューが必要だ。Bというバリューを出すためには、Cというベネフィットが必要だ。そのベネフィットを実現するためには、Dというエビデンスが必要だ」とする方法があります。これはインサイトから商品・サービスの企画を出発するニーズ起点のアプローチといえます。一方、「研究開発で画期的な技術ができたから、これをエビデンスにして商品化しましょう」というように、企業内部のリソースやエビデンスからスタートするシーズ起点のパターンもあります（図16）。

　この2つの起点のパターンは、企業の組織文化と密接に紐付いています。企業によっては勝ちパターンがどちらかの起点に偏っている場合が多いのが実態です。前者のニーズ起点が強い企業例はアップルや小林製薬です。必ずしもすべて自前の技術ではないですが、顧客インサイトに沿った商品づくりがうまいといえます。後者のシーズ起点が強い企業は、Googleや東レなどがわかりやすい例でしょう。長期的な視野でAI（人工知能）やカーボン繊維などの研究開発に巨額の投資をし続け、大きな果実を得ています。

● シーズ起点の企業が苦戦する時代へ

　シーズ起点とニーズ起点のアプローチそのものに優劣はないのですが、最近の情勢を見ていると、有利・不利の変化は感じます。マーケットの変化が早くて、しかもシーズの優位性が早期にキャッチアップされてしまう傾向が強くなったことで、シーズ起点の会社が苦戦する事

例が増えています。日本の電機メーカーはまさにその例です。有機EL
の開発では日本企業も健闘していましたが、韓国企業が本格的な市場
導入が近づいたタイミングで生産設備を含めて大規模な投資をして
キャッチアップしたために、急速に優位性が失われてしまいました。
研究開発に多額の投資をしても、その優位性を保ち、利益を回収でき
る期間が短くなってしまった業態が増えています。

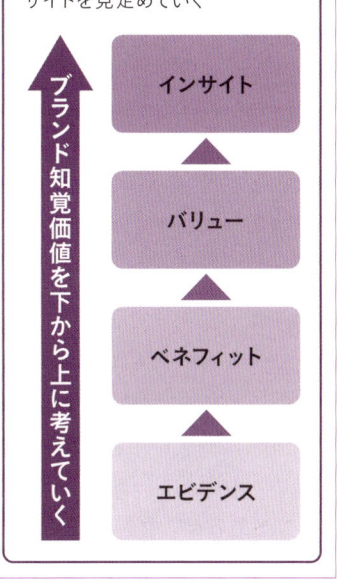

図16 ニーズ／シーズ起点のアプローチ

ニーズ起点アプローチ

顧客インサイトやニーズに基づいて、それを対応した商品・サービスを企画し、社内外を問わずに広い視点からエビデンスを探して選ぶ

ブランド知覚価値を上から下に考えていく

インサイト

↓

バリュー

↓

ベネフィット

↓

エビデンス

シーズ起点アプローチ

技術などシーズ要素に基づいて、それが実現するベネフィット→コアバリューを考え、それらを評価するターゲット顧客やインサイトを見定めていく

ブランド知覚価値を下から上に考えていく

インサイト

↑

バリュー

↑

ベネフィット

↑

エビデンス

No.
15

[ブランド戦略の知覚価値]
新しいエビデンスの登場が大企業を脅かす

● 無名企業のブランドが売れる理由

前節で解説したことと関係しますが、**消費者ニーズの変化スピードが早くなったことは、化粧品やシャンプーなどの日用品業界でも大きな変化を生み出しています。**

日用品製造メーカーの大手、資生堂、花王、コーセーなどは長年にわたり地道な研究開発に取り組み、強い技術シーズを持つのが特徴です。ところが近年では自社で研究開発機能も工場も持たず、外部に委託生産した商品をヒットさせる企業が続々と登場しはじめました。かつて化粧品やシャンプーの業界では、大手が圧倒的に強く、無名の会社のブランドが選ばれることはあまりなかったのです。ではなぜ知られていない会社のブランドも売れるようになったのでしょうか。

● 新しいエビデンス＝口コミランキングの登場

その要因の1つが、「@cosme」をはじめとする口コミランキングの浸透です（図17）。エビデンスの種類としては「実績」や「他社資源の活用」が近いでしょうか。「@cosmeでNo.1評価」というような、口コミサイト実績の店頭POPやシールがついていると、それまで見たことがない商品でも、消費者は安心して手に取ってくれます。その商品を使っている消費者は、企業名すら知らないし、それを気にしない人も増えています。そんな**新たなエビデンスも出現している現在は、知名度のない中小企業にとっては、チャンスの増えた時代といえるでしょう。**

図17 口コミランキング情報が充実した@cosme

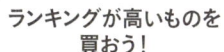
ランキングが高いものを
買おう！

ランキングが高ければ
メーカーは気にならないな

出所：「@cosme」
http://www.cosme.net

No.
16

［ブランド戦略の知覚価値］
ブランド戦略の根本的な
アプローチの違い

● ブランド戦略の本当の狙いは？

　クライアントから「ブランド戦略の一環で、会社の理念を決めたい」といわれたら、「それは短期的な経済合理性にとらわれず、本当に理念や哲学を社内外に意思表明したいんですか？それとも競争戦略として、市場競争で有利になることを狙っているからですか？」と私は聞きます。この二者は、戦略策定のアプローチと、実行の時間軸が別物なので、確認が必須です（図18）。

　本物の理念、哲学というのであれば、経営判断にはじまり、社員の採用・教育から、対外的な施策の表現まで、企業の活動全体に1つの筋を通す必要があります。 人間にたとえるなら漢方薬で体質改善するような長期目線の話です。効果を出すには、心の底から経営者が生き方レベルで理念を信じて体現し、長い時間をかけた継続的な浸透活動が必要です。ある意味で最も模倣の難しい差別化でしょう。社内外への浸透がしきい値を超えると、これらの経済合理を超えた理念が強い魅力となり、採用や市場における競争力につながります。最後は大きな超過利益の源泉となり、経済合理性をも帯びてきます。しかし、そのレベルまで長期的に実行するのは、よほど理念を大切にすることが企業文化として根付いた企業か、もしくはオーナー家系の経営者でなければ難しいのも現実です。

　一方、競争戦略の話であれば、ポジショニングを変えるためのツールとしてブランド戦略を使うということなので、前者と比較すれば即効性のあるテクニック論の範疇でもあります。

本書は適用可能な企業が多い、後者の話にフォーカスをしています。

図18 ブランド戦略のアプローチ

理念アプローチ

長期的視野で、企業体質を変え、
施策アウトプットを変えていく

> 企業の活動全体に
> 1つの筋を通す!

競争戦略アプローチ

短期的目線で、市場競争力に直結した商品・サービス、
デザイン、広告などの4P施策を変えていく

> 即効性のある
> 施策として考える!

No. 17　［海外のブランド戦略］
米国と欧州における考え方の違い

◉ ビジネスを伸ばす手段が米国流

　私なりの捉え方ですが、欧州と米国では、ブランドの起源や、ブランド戦略が担う役割に違いがあります（図19）。

　米国流のブランドの発想は、まさに序章で述べた、牛の焼印「burned」と同じく、個体の属性を示し、品質を管理・表明することに起源があります。スーパーに多くの商品が並んだときに、「出所＝品質の保証」を示し、消費者に効率的にモノを選んでもらおうということです。ビジネスを伸ばす（モノを売る）ための競争戦略的なアプローチが、米国流ブランド戦略の源流です。

◉ 理念とアイデンティティ表明の欧州流

　一方の欧州流は、ルイ・ヴィトンが典型例です。ルイ・ヴィトンのモノグラム柄は日本の家紋から影響を受けたという話が有名ですが、それ以外に模倣品への対策、つまり固有のアイデンティティを示すことを目的に、1896年に発表されました。モノグラムは、ルイ・ヴィトンのビジネスに関わる、当時のファミリーやメンバーのアイデンティティを込めていたのです。企業のアイデンティティというのは、普通は内部で確認されるものですが、それが外向けに発信され、アイデンティティへの共感を生み、それが反映された製品を買いたいと消費者が考えるようになっていきました。これが欧州のブランド戦略の源流です。

　この2つの異なる流派は、経営のグローバル化に伴い、トップレベ

ルの会社ではうまくミックスされています。しかし、日本企業は体質的に欧州流がフィットすることは多いですが、米国流は苦手な印象です。どうすればうまくミックスさせることができるのか、次節で成功例を見ながら考えてみます。

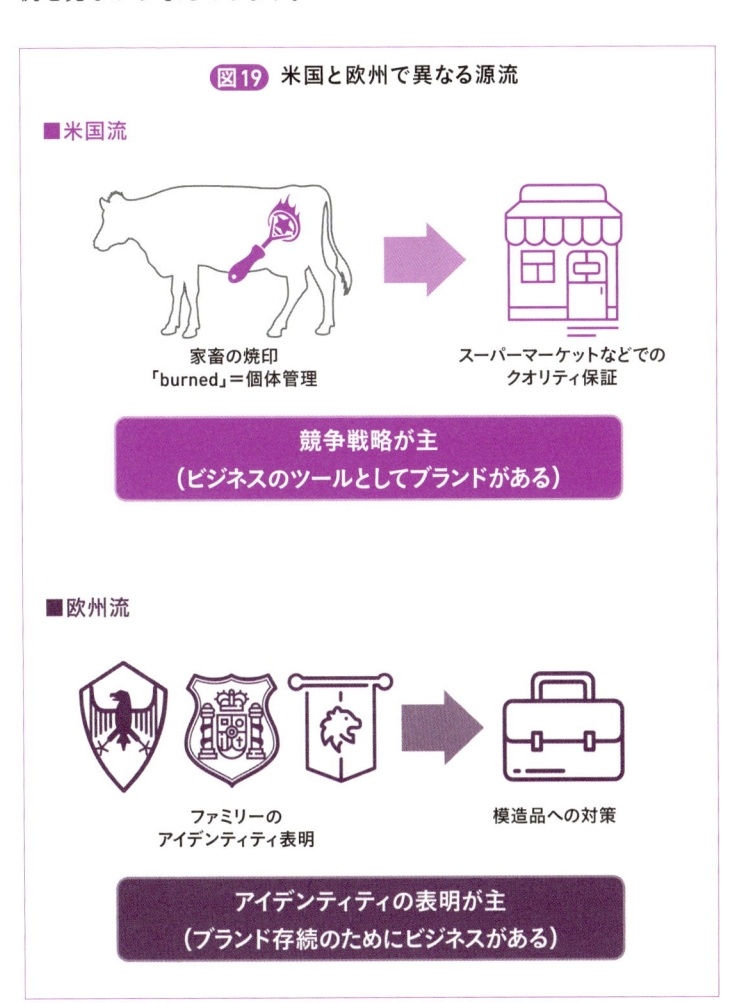

図19 米国と欧州で異なる源流

■米国流

家畜の焼印
「burned」＝個体管理

スーパーマーケットなどでの
クオリティ保証

競争戦略が主
（ビジネスのツールとしてブランドがある）

■欧州流

ファミリーの
アイデンティティ表明

模造品への対策

アイデンティティの表明が主
（ブランド存続のためにビジネスがある）

No.

18

[海外のブランド戦略]

米国流と欧州流の両方を取り入れるには

● カルチャーの違う手法をどう使いこなすか

　米国流と欧州流のブランド戦略は、二者択一ではありません。どのように両者のバランスを巧みに統合し、連動させるかは、現代の経営課題です。しかし、それぞれの流派では、カルチャーやアプローチはまったく違います。

　たびたび例に出していますが、アイデンティティを表明し浸透させていくのは、漢方薬による体質改善に似ています。一方、顧客の目にどう映れば選んでもらえるのか、高く買ってもらえるのかという、「見え方」から逆算していくというのは、外科手術に近いといえるでしょう。東洋医学と西洋医学ほどの差があるものなのです。

　その2つのアプローチを、はじめてシステマチックに融合して永続性のある仕組みにしたのは、LVMHグループです。会長兼CEOのベルナール・アルノー氏は不動産業出身ですが、彼が築いた経営システムは画期的なものです。

　もともと欧州では、アイデンティティを軸とし、ある意味で牧歌的なファミリービジネスとしてやっていた企業が多くありました。アルノー氏はそうしたブランドを数多く買収し、ブランドのアイデンティティとイメージを損なわないようにアイテムの展開を拡大させていきました（図20）。顧客から直接見えないバックオフィス機能やロジスティクスも、弊害のない範囲で徹底的に統合し、合理化しました。これらのアプローチにより、買収したブランドの多くは売上が伸びています。つまり、欧州流のブランド戦略に、ビジネスを最大化する米国流を統合したといえます。

図20 LVMH傘下の主なブランド

お酒	ドン ペリニヨン、モエ・シャンドン、ヘネシー、クリュッグ
ファッション・皮革	ルイ・ヴィトン、ロエベ、フェンディ、セリーヌ、クリスチャン・ディオール、エミリオ・プッチ、ケンゾー
香水・化粧品	ロエベ、ジバンシィ、クリスチャン・ディオール、ケンゾー
時計・宝飾	タグ・ホイヤー、ゼニス、ウブロ、ブルガリ
小売	DFS、セフォラ

◉ 経営とクリエイティブを分離する

　LVMHは、もう1つ、画期的なブランド運営手法を編み出しています。それはクリエイティブと経営を分離させたことです。

　かつては、デザイナーがファッションブランドの経営者でもあることが一般的でした。デザイナーが経営者でもあることで、同一人物が長期にわたってデザインすることになります。すると、そのブランドのデザインが時代遅れになりやすいのです。

　しかし、時代に合わせてクリエイティブディレクターを交代させれば、ブランドのセンスを更新できます。そんな永続性のある経営スキームの発明が、LVMHをファッション業界における最大手まで育てあげた要因の1つです。

◉ テクニックだけではブランドは強くならない

　一般論として、LVMHのような経営とクリエイティブディレクターの分離は必須ではなく、企業によって正解は異なります。しかし、ブランドとして実現したいミッションも、ビジョンなど固有のアイデンティティもなく、テクニックだけでブランドを築くには限界があるのは確かです。特に消費者の関与度が高い業態は、歴史や物語など、アイデンティティに紐付いた要素に共感してもらうことで、製品を購入されやすくなります。アイデンティティと競争戦略技術は両方必要なのです（図21）。

図21 ブランドのアイデンティティと競争戦略

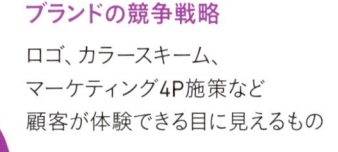

ブランドの競争戦略

ロゴ、カラースキーム、
マーケティング4P施策など
顧客が体験できる目に見えるもの

ブランドのアイデンティティ

理念・哲学など、
ブランドが実現したい世界や
ありたい姿など、目に見えないもの

アイデンティティは、根っこのようなもので、
そこが大きく育って浸透しないと
上にある競争戦略の手段も大きな花を咲かすことが難しい

No.

19

［海外のブランド戦略］

プライベートブランドと
ナショナルブランド

○「安かろう悪かろう」から「高くていいもの」へ

　ブランドは、商品・サービスを企画するメーカーなどの事業会社が提供するナショナルブランド（以下NB）と、小売や卸売の会社が企画したプライベートブランド（以下PB）に分けることができます。PBは、かつては「安かろう悪かろう」、つまりNBと比べて品質は劣るけれど、その代わりに安く売るという立ち位置で、安さが価値でした。

　しかし、海外では昔から高付加価値のPBが存在しています。特に欧州系のスーパーなどは、PBの比率が非常に高く、品揃えの差別化により利益率を向上させているチェーンもあります。

　最近は日本でも、PBを「高いけどいいもの」として提供する企業が増えてきました。流れを大きく変えたのは、「セブンプレミアム」を掲げたセブン-イレブンのPB戦略でしょう（図22）。

○ 変化するプライベートブランドの戦略

　以前であれば、新技術を使った製品は、まずNBとしてメーカーが売り出し、1年以上経てからPBで提供するのが普通でした。今では、最初から新技術をPBに投入することも珍しくありません。大手小売はPBを増やす方針を掲げており、年々売場におけるPB比率は高まっています。つまり、メーカーからするとPBに手を出すとNBの敵を生み出してしまうが、PB提供を強化しないと陳列棚のシェアが減っていくというジレンマを抱えています。そのような環境下で小売やメーカーがどのようにPBを舵取りするか、非常に難しく興味深いテーマです。

図22　セブンプレミアムの戦略

セブンプレミアム

飲料	セブンゴールド	乾物・米・麺
調味料	お菓子	お酒
コスメ&ヘルスケア	住まいの品	衣料品

NBが世に出て時間が経ってから
割安に同種商品をPB展開するという流れを変え、
新技術の新商品を最初からPBとして発売する
戦略の流れを国内でつくりだした。

出所：「オムニ7」
http://iyec.omni7.jp/top を参考に作成

No.
20

[事業規模に応じたブランド戦略]

中小企業も内部に
エビデンスを持っている

● 中小企業にはサイズに見合った戦略展開がある

　世界的なブランドの話が続きましたが、中小企業にもブランディングができることは、すでに述べた通りです。

　そもそも中小企業は、自社の売上や市場シェアは大手企業より小さいものです。これは単純に考えれば、自社の売上目標に必要な顧客の数は大手企業より少なくてもよい、といえます。

　ごく一部のマニアだけを顧客にしているよう企業、取引単価が高くて顧客数が少なくても売上が立つBtoB企業であれば、ターゲットは相当狭くなるはずです。

　ターゲットが狭いということは、顧客像が明確でわかりやすいという利点があります。私の会社のクライアントで、あるニッチなジャンルのCS放送局があります。あるとき、調査によって軍事に詳しいマニアや、自動車が好きなマニアが、チャンネル視聴者として一定数存在することがわかりました。そのマニアが知りたい関心事や、魅力を感じる切り口を明確にし、番組コンテンツの企画・調達、視聴を促すための番組広告、番組タイトルのネーミング、チャンネル加入者獲得のためのイベント施策などに反映したところ、大きく視聴率が伸びて業績も改善されました。売上やシェアが小さいなら小さいなりに、大手にはできないニッチに特化したアプローチができます。また、何かに特化して色をつけたほうが、ブランディングとしても価値が浸透しやすくなります。

◉ 中小企業でもできる3つのブランド浸透施策

マス広告を打たずに、ある程度の人数に効率よく知ってもらうには、主に3つの方法があります。メディアに自社のことを報道してもらうか、自社で発信するオウンドメディアを立ち上げるか、セミナー講演のようなものを実施してまとまった人数に直接プレゼンテーションするか。この3つの施策はそれぞれ独立しているのではなく、相乗効果があります（図23）。

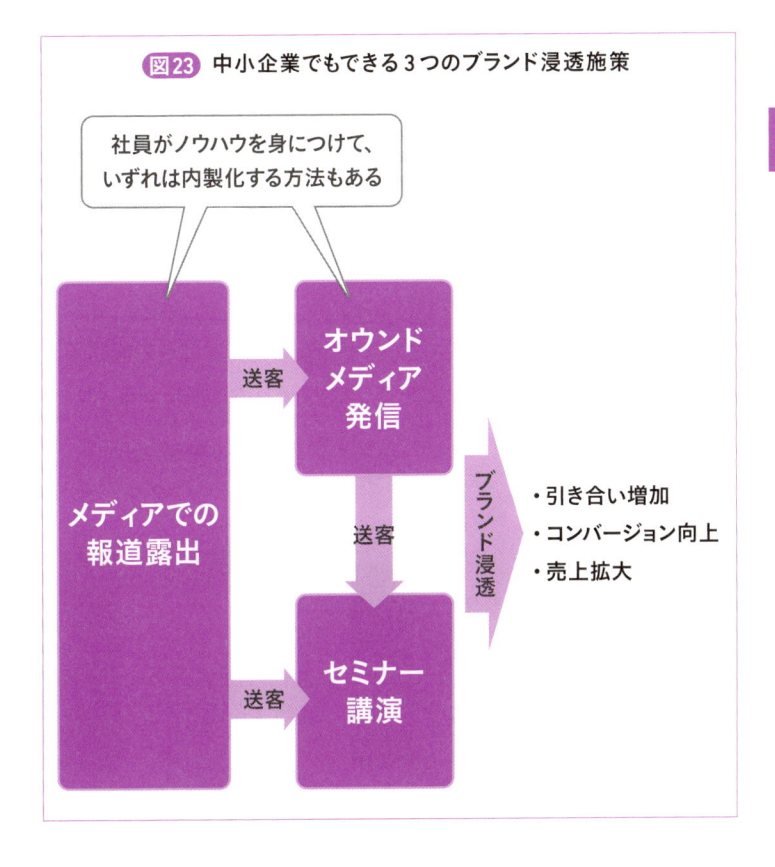

図23 中小企業でもできる3つのブランド浸透施策

No.

21

［事業規模に応じたブランド戦略］

コンテンツ化する技術を磨く

● 身近なものを魅力あるコンテンツにした例

　中小企業の場合、発信内容の素材になるのは、スタッフや、地域など、身近なものが中心になります。ただし、身近な話題をただ垂れ流すだけではダメです。ちゃんと顧客の共感が得られるもの、あるいはBtoBなら学びがあって得するようなコンテンツにできるかが肝になってきます。

　「気仙沼ニッティング」（図24）という、東日本大震災で甚大な被害を受けた気仙沼地域で立ち上げられた小さな企業があり、地元の方々が手編みしたセーターやカーディガンを販売しています。手編みなので納品まで何カ月もかかり、中には1着15万円する商品もあるにもかかわらず、なぜ売れるのでしょうか。

　気仙沼ニッティングでは、「こんなことにこだわっている編み手さんがいる」というコンテンツを発信したり、近所の牧場にいる「コメ」と「ミソ」という名前の双子のヒツジをコンテンツ化しています。つまり、編み物の回りにあるものを、読み手の共感を得られるようなものに仕立てているのです。それらの記事がブランドの想いや品質のエビデンス訴求になっています。

図24　ストーリーを前面に出す気仙沼ニッティング

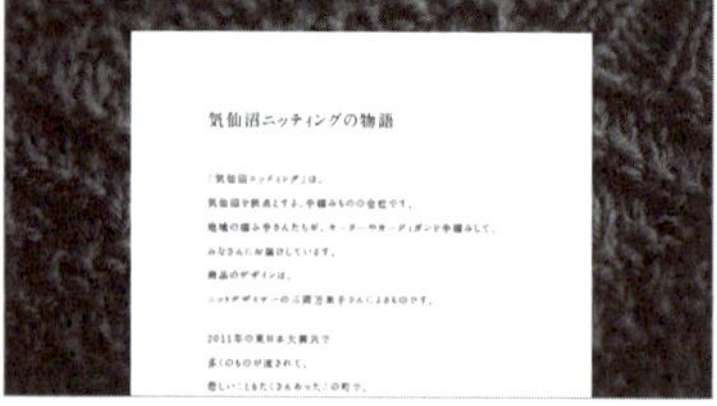

出所：http://www.knitting.co.jp/story

COLUMN

マスメディア露出に匹敵する
自社メディア発信のPR効果

　筆者が社外取締役を担う会社で、「Minimal -Bean to Bar Chocolate- (ミニマル-ビーントゥバーチョコレート)」というブランドがあります。世界中のカカオ農園に直接足を運び、品質の良いカカオ豆を選んで仕入れ、自社工房でカカオ豆から板チョコレートができるまでの全工程を一気通貫で手がけ、自社直営店舗 (銀座、白金、富ヶ谷、池袋) を中心に販売しています。事業としては、2014年の創業以来、毎年倍々ペースの成長を続け、いまどきの言葉でいえば「食のスタートアップベンチャー」です。

　事業成長の背景には、手前味噌ですが、こだわりのチョコレート商品が世界レベルの品評会で金賞評価をいただくなど、商品力が土台にあるのは間違いありません。しかし同時に、商品の価値を多くの人に伝えるためのPR活動も車の両輪として機能してきました。

　Minimalは、カカオ豆の仕入先である新興国のカカオ農園で感じた貧しさを解消するための現実的な方法論や、カカオ豆の素材や製法のこだわりまで、ブランドの周辺にある様々なエピソードを、自分たちの言葉で自社サイトのメディアを通じて発信し、それらがブランドのファンづくりにつながっています。SNSで話題となった自社メディア記事の中には、テレビで報道されたときに劣らないほどの自社サイトへの来訪者数を記録したものもあり、購買にもつながっています。

　マスメディアで取り上げてもらうことを狙ったPRでは、本当に取り上げられるかわからない不確実性を排除できません。しかしこの例のように、自社メディアでの発信は、その不確実性を軽減する効用もあります。

Minimalホームページ　https://mini-mal.tokyo/

No.

22

［ 事業規模に応じたブランド戦略 ］

ブランド戦略は小さな
組織ほど実行しやすい

● 組織が小さいからこそのメリット

　以前、筆者があるビジネス専門メディアで対談したときに中田華寿子さん（元・ライフネット生命常務取締役）がおっしゃっていたのが、「社外に出るコミュニケーションや製品などの施策アウトプットは、社内の人の意識がつくる。だから、日頃の社内での言葉遣いや立ち振る舞いはブランディングの原点として重要」という趣旨のことでした。経営陣の言葉遣いや立ち振る舞いは、自然に社員に伝播していき、それが施策に転化され、最後には顧客に伝わるということです。

　「当たり前じゃないか」と思う人も多いかもしれませんが、うわべだけの理念、ロゴ、デザインをきれいにお化粧しただけでは、ブランド戦略はうまくいかないということを端的に表している言葉です。もちろん、言葉遣いや立ち振る舞いだけで市場競争で勝てるほど市場は甘くはありません。マーケティング4P施策でブランド価値を感じさせる一貫性をつくるには、その原点が経営陣の言葉遣いや立ち振る舞いにあるのです。

　その点、中小企業は組織が小さいからこそ、意思の統一が比較的容易です。熱意があって、勉強熱心で、ブランド戦略の重要性を知っている人は、大企業にはたくさんいます。でも大手企業が何につまずくかというと、組織をまたいだ合意形成と実行です。大企業のブランド戦略が難しい原因の多くは、知恵や知識ではなく、組織問題にあります。

　たとえば、組織は大きくなるほど分業が進み、知らず知らずのうち

に部門間の壁ができていきます。商品企画部が宣伝部や営業部に口を出しにくい空気ができるわけです。その結果、ブランド知覚価値の概念自体は明確に定義されても、各施策に反映されず、顧客からすると施策の一貫性が感じられなくなります。

◉ 競合が構造的にできないことが持続的な競争力となる

原材料にこだわることも、大規模なチェーンになればなるほど難しくなります。世界的なコーヒーチェーンになれば、その消費量も膨大ですから、厳選に厳選を重ねた最高級の豆だけを使う、なんてことは不可能です。規模が小さいからこそ実現できるこだわりもあります。

逆に、大手には大手なりの豊富なリソースを活かした戦略展開があります。新しい事業・商品・サービスに必要な技術の調達や、場合によっては会社ごと買収もできます。2017年にネスレがブルーボトルコーヒーを巨額買収したのは、まさに大手ならではのパワープレイといえる事例でしょう。大手企業は意思決定のスピードが遅くなりやすいですが、決めたあとのリソース投入量は中小を凌駕できる利点があります（図25）。

図25 戦略検討における大手と中小の構造的な違い	
大手企業の利点	● 社内にないノウハウ・技術を外部から迅速に調達する豊富なリソース ● 総合化によって市場・顧客ニーズを幅広く拾える ● 確かな財務基盤に基づき、長期的で大規模な投資ができる
中小企業の利点	● 意思決定〜実行のスピード ● 専門特化して特徴を出しやすい ● 大手が構造的に実現できないことを差別化要素にできると、競争力に持続性があって理想的

◉ 顧客に聞けば自社の価値が見えてくる

「うちの会社にブランドの価値なんてあるかな」と思うかもしれません。しかし、マーケットにおいて、顧客に選ばれている事実がある、何かしら売上が立ってるということは、必ず選ぶに値する価値が何かあるということです。だから、**今まで選んでくれたお客さんに、「数ある選択肢の中で、なぜわが社を選んだのですか」と聞いてみると、そこからヒントを見つけられます**。同時に、シェアが縮小している局面では、自社内の価値を掘り下げるだけでなく、市場で選ばれている競合の研究も重要です。そのまま真似る必要はありませんが、顧客の選択の土俵に上るための大事な要件を見出せることがあります。

◉ 大手企業のブランド戦略には丁寧な合意形成プロセスが必須

ここまで述べてきたように、**大企業がブランド戦略を実現しようとすると、リソースが豊富なことと引き換えに、中小企業以上に合意形成や実行面において、問題がたくさんあります。**

大手企業ならではの課題を踏まえたブランド戦略の立て方の詳細な実務は、拙著『プラットフォームブランディング』（SBクリエイティブ刊）に記載されています。興味ある方は参照してください。大手企業ならではの合意形成のポイントや、立ち回り方など、細かく解説しています。

CHAPTER

3

デジタルで進化するブランド戦略

No.
01

[顧客体験の設計]

顧客体験全体で
差別化する

● 環境変化がブランド戦略に与える影響

　ブランド戦略の基礎的なフレームワークは、どんな企業でも、いつの時代でも大きく変わりません。しかし、デジタル化が進むなど、環境の変化に伴って、ブランド戦略が進化している部分もあります（図1）。

　まずは、技術やモノのコモディティ化が進みました。昔は日本の電機メーカーがひとたび先行技術の優位性を築くと、数年は優位性を保持できました。ところが、技術や原価の大部分が半導体に集約されるようになり、外部委託の製造工場もレベルが上がり、今や瞬時にキャッチアップされるようになってしまいました。

　そんな例もあるように、モノだけで差別化を図ることが難しくなったため、顧客体験全体をよくすることで差別化する必要があります。

　2つ目が、ネットによって生活者が情報発信することが一般的になったこと。もともと、ごく一部の特権的な存在にしか情報発信ができなかった時代からすると、メディアが一気に民主化し、分散したといえます。今まではマスメディアの報道が知覚価値をつくる主要なソースだったのが、CtoCの口コミサイトの影響も大きくなりました。

　そのため、実態とかけ離れた価値を主張するブランドでは消費者の信頼を得られず、存続が難しくなっています。ブランド価値の認識形成の主役が、ブランド側から生活者にシフトしたともいえるでしょう。ブランドが生活者の抱えている課題を解決したり、願望を叶えたりと、生活者を支援するようなブランド知覚価値へ拡張することが重要です。

3つ目が競合の増加。マーケットのグローバル化や、異業種参入が増えたことで、**これまで違う市場や分野にいた強力なライバルと戦う必要が出てきました**（図2）。増え続ける手強い競合相手にどうやって勝つか。投資の傾斜配分によって、競争力のレバレッジ（てこの原理）を利かせることが大切です（詳細は本章の06節で解説します）。

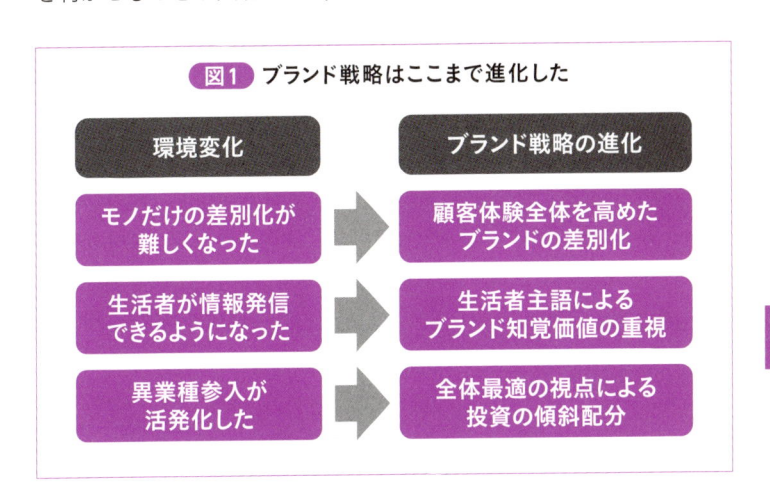

図1　ブランド戦略はここまで進化した

環境変化		ブランド戦略の進化
モノだけの差別化が難しくなった	→	顧客体験全体を高めたブランドの差別化
生活者が情報発信できるようになった	→	生活者主語によるブランド知覚価値の重視
異業種参入が活発化した	→	全体最適の視点による投資の傾斜配分

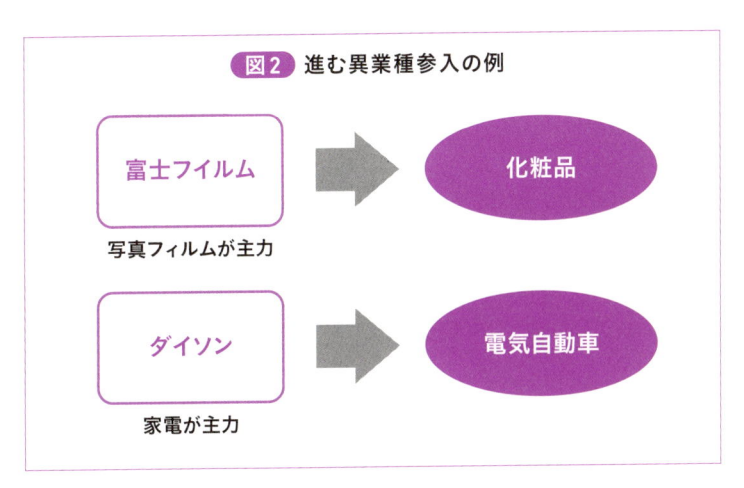

図2　進む異業種参入の例

富士フイルム	→	化粧品
写真フィルムが主力		
ダイソン	→	電気自動車
家電が主力		

No.
02

［顧客体験の設計］
iPhoneはなぜ強いのか？
〜顧客体験全体の競争〜

◉ 性能だけ見るとiPhoneは最強ではない？

　世界のスマホのOSシェアを見ると、2017年1〜6月において、71%がAndroid、アップル社のiOSは21%です（出典：statcounter.com）。

　約7割と2割という数字を見ると、圧倒的にAndroidのほうが優位にあるように思えますが、iOS搭載の商品は同スペックのAndroid端末に比べると非常に価格の高いiPhoneのみで、提供しているのはアップル1社。一方のAndroidは様々なメーカーが採用し、低価格帯まで展開して獲得したシェアです。ちなみにアップルが2016年7〜9月にiPhoneを販売して得た営業利益は、同じ期間の世界のスマホ業界全体の営業利益の91%を占めており、利益の目線ではひとり勝ちです（出典：Strategy Analytics社レポート）。

　つまり、iPhoneは消費者から魅力ある商品を安くつくり、高く売ることに長けたブランドといえます。では、なぜそんなにiPhoneは強いのか。「Android搭載のスマホと比べて、スペックが高いのでは」と想像する人がいるかもしれませんが、競合のスマホと比べると、カタログ上の数値性能では劣っている部分も珍しくはありません。

　にもかかわらず、強い。その理由は、顧客体験全体を見渡したときにわかります。Androidと比べると、iPhoneのほうが、すべての顧客体験がスムーズにつながって統合されているのです（図3）。

◉ 販売店での購入や箱を開封するときの顧客体験

　アップルが直営するアップルストアだけでなく、携帯ショップや家

電量販店のアップルコーナーでは、ほかの製品とは違って、iPhoneは専用の棚があり、ほかと区切られた空間演出もされていることが多いです。この段階で、Android搭載スマホを検討するユーザーとは異なる体験をしています。

そして、製品パッケージとなる箱は高級宝飾ブランド品レベルの品質で、開封する楽しみがあります。YouTubeなどでも「開封の儀」として、iPhoneの箱を開けるだけの動画がアップされていたりもします。

図3 iPhoneの顧客体験

iPhoneの顧客体験

検討〜購入	● 周囲の利用者や口コミと触れる体験 ● 直営アップルストアでの体験、事前の相談
開封〜設定	● 演出された箱、開封する楽しみ ● 設定の容易さ
使用	● 容易なコンテンツ資産管理（iTunes） ● 審査で品質管理された膨大なアプリ資産
共有	● 統一環境・単一機種のため、周囲の人や ネット上に情報が多くノウハウ交換しやすい
修理サポート	● 直営ストアでのジーニアスバーによるサポート ● 点在する独立専門店での修理サポート体制の充実

◉トータルの顧客体験では優位性がある

ただ、箱を開ける楽しみの演出については、今ではAndroidの高級機もだいぶキャッチアップしてきています。一方で、いまだiPhoneが優位性を保っているのは、コンテンツ資産を楽しむiTunesやアプリの安全性、そして規格の互換性でしょう。

Androidはメーカーや世代で仕様が細分化しているので、隣の人のAndroidに入っているアプリがよかったとしても、自分のAndroidでは使えないこともあります。iPhoneは単一メーカーの機種なので、世代の違いこそあれ、同時期に発売されたものであれば条件はみんな一緒。だからアプリの情報交換もしやすいのです。

街中で「iPhoneすぐ修理できます」という看板を見たことがありませんか？ iPhoneはラインアップが限られているため、用意しておくべきパーツのバリエーションは少なく、部品在庫を切らしにくいため、修理も容易です。機種の多いAndroidの場合は、なかなかそうはいきません。

このように、スペックだけで見ても優位性はないけれども、トータルの顧客体験では優位性を持っています。その体験の蓄積でブランド力が高まり、そしてブランド力そのものが競争優位性になるのです。iPhoneの強さは、よい顧客体験を提供すればブランドの競争力が高まり、超過収益をもたらす好事例です。

これまではモノをつくってから、それに付随するものとして顧客体験を考えていました。しかし、よいモノさえ提供すれば競争力が上がる、ブランドを差別化できるというのは今では通用しません。

求められるのは、「モノありき」から、「顧客体験ありき」の発想への転換です。消費者が求める理想的な体験を描いてから、その実現のために必要なモノや技術を考えなければいけません（図4）。

古い考えのメーカーで起こりがちなのは、課題を解決する手段をモノや技術に限定してしまうことです。たとえば、エアコンのフィル

ターを自動でクリーニングする機能。その機能をつけなくても、年に1回のクリーニングを何年かにわたって受けられるサービスをつける、あるいは、交換フィルターを定期配送し、課金するというビジネスモデルもあるかもしれません。つまり、自動お掃除機能をつけなくても、いつでもきれいなフィルターを利用できるという顧客体験を実現する手段はたくさんあります（図5）。

図4 差別化のために発想の焦点を変えよう

過去の発想

「よいモノを提供すれば、ブランドの競争力が高まる」という考えに基づき、商品の企画・開発が発想の焦点

モノをつくってから顧客体験は付帯サービス（後付）として考える

求められている発想

「よい顧客体験を提供すればブランドの競争力が高まる」という考えに基づき、顧客体験デザインが発想の焦点

理想的な体験を描いてから必要なモノや技術を考える

図5 その価値はモノで実現するのがベスト？

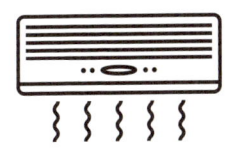

コスト高な自動のお掃除機能は必要だろうか？
顧客が得たい価値を考えれば、本体価格を下げて、交換用フィルター定期配送サービスでもよいのでは？
そのほうが結果的には増収にもなるのでは？

No.

03

［顧客体験の設計］

ブランド戦略における
UXとUI

　ユーザーエクスペリエンス（User Experience：UX）とユーザーインターフェース（User Interface：UI）。最近はどちらもよく聞くようになりましたが、まるで「UI＝UX」であるかのように誤解していたり、混同している企業は少なくありません。

　もちろん、UIの改善を図ることで、UXが向上することはあります。ただ、UXはその名の通り、顧客体験そのもの、顧客体験のすべてを表している一方で、UIは顧客と機器の境界でしかありません。UXは全体像であり、UIはUXに含まれる、より狭い概念です（図6）。

● UXはIT業界だけの話ではない

　IT業界の企業がUXという言葉を使っているのを耳にする機会が多いからか、「UXはIT業界内だけの話」と勘違いしている人もいます。

　ITの進化によって、UXの重要性が見直されたのは事実ですが、概念自体はすごく古くからあるものです。ネットが存在しない時代から顧客体験の差別化を成功させてきた例はいくらでもありますし、現在でもネットに接続しなくとも実現させているケースは多くあります。

　ミネラルウオーター「い・ろ・は・す」は、飲んだあとにペットボトルをひねると小さくなってエコですよ、というのがウリです。飲料でありながら水の味ではなく、ボトルをつぶすという、飲んだあとの体験を差別化することで、競合ひしめく市場の中、後発ながら高いシェアを取ることができました。そこにはネットの要素は関係ありません。

　ちなみにプッチンプリンは、2013年に世界一売れているプリン

として、ギネスの世界記録に認定されています。1972年の販売開始からのシリーズ累計販売個数は51億個を突破し、現在でも売れ続けています。今でも売れている理由の1つには、幼少期に「プッチン」とプリンをお皿に落とした体験の名残りがあるのかもしれませんね。

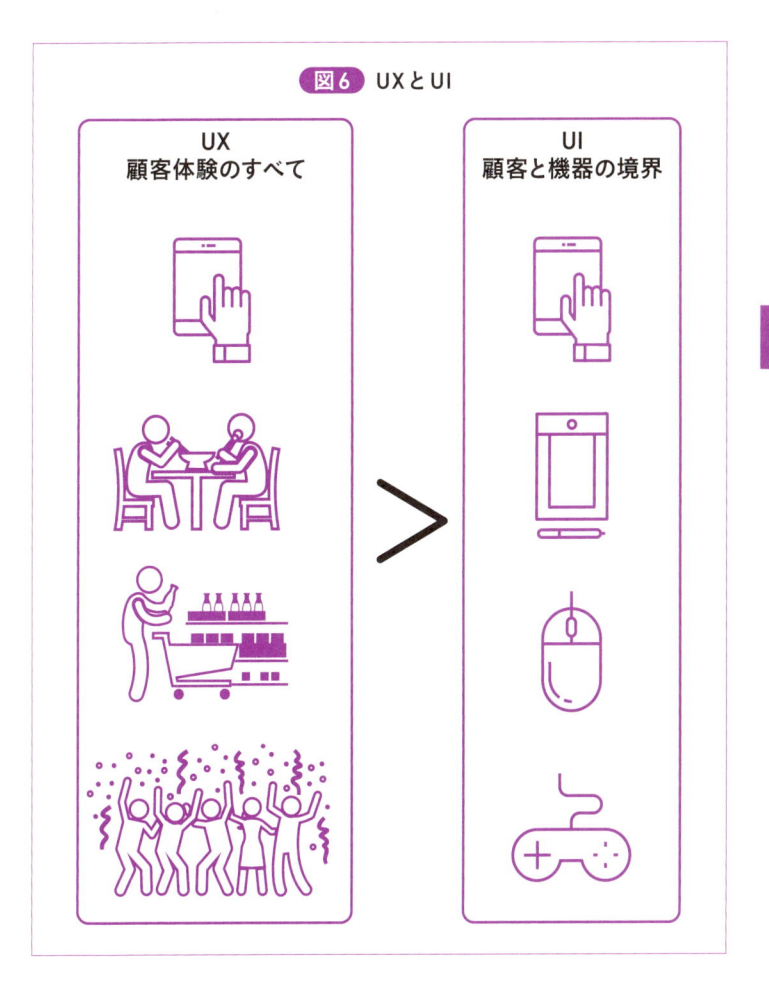

図6 UXとUI

UX
顧客体験のすべて

UI
顧客と機器の境界

◎ モノではなくサービスによる差別化

　技術信仰の強い会社ほど、前節のエアコンの例のように、差別化はモノで実現するものだ、という先入観があります。しかし、**扱っているのがモノであっても、サービスで差別化は図れます。**中古車の買取と販売を行うガリバーは、中古車なのに10年保障をつけた時期がありました。新車よりも長い保障期間で購入後の体験を差別化しました。

　また、マンションの蛇口一体型浄水器で高いシェアを持つタカギの「みず工房」もサービスで差別化を実現している好例です。

　浄水器を売るだけなら、ほかの企業と変わりがありませんが、タカギはマンションのデベロッパーに浄水器を卸してキッチンに設置しています。マンションを買った人が入居すると、浄水効果をもたらすカートリッジを定期交換するための、有償プログラム申し込みのはがきが蛇口にぶら下がっています。入居者が申し込むと、年に数回交換用カートリッジが届く仕組みです。プッシュ型の配送によって交換時期を逸さないように、ということですね。

　古いカートリッジを使い続けていると、雑菌が繁殖して、水がかえって汚くなってしまうリスクがあります。ですから、交換忘れを防ぐという意味で、顧客視点では体験価値の向上となります。同時に、企業からは有料課金の顧客基盤が増え続ける優れたモデルです（図7）。

◎ サービス業がメーカー化して顧客体験を提供

　顧客体験を追求した結果、サービス業である会社がモノを持つ事例も増えています。Amazonは読書体験を追求した結果、自らタブレット型読書端末のKindleをつくりだし、メーカー化しました。Kindleが届いたときにはすでに自分のIDが設定されている状態で、すぐに使えます。電子書籍を売るために、使い勝手を追求した電子書籍リーダーを生み出したわけです。

BtoBビジネスも顧客体験視点が抜けがちな業種ですが、有名な成功事例は建設機械を扱うコマツ。コムトラックスというサービスは、車両にGPSや通信システムを装備して、車両センサーから集めた情報や位置情報に基づいて保守管理、盗難対策、稼働率の管理、省エネ運転の支援を行うものです。コマツの建設機械は競合と比べても割高なのですが、品質がいいだけでなく、コムトラックスによって、購入後のコスト管理や生産性が最適化され、トータルでは安くすむという価値を訴求しています。**顧客体験を追求することで、モノとサービスが密に統合され、差別化された事例といえます。**

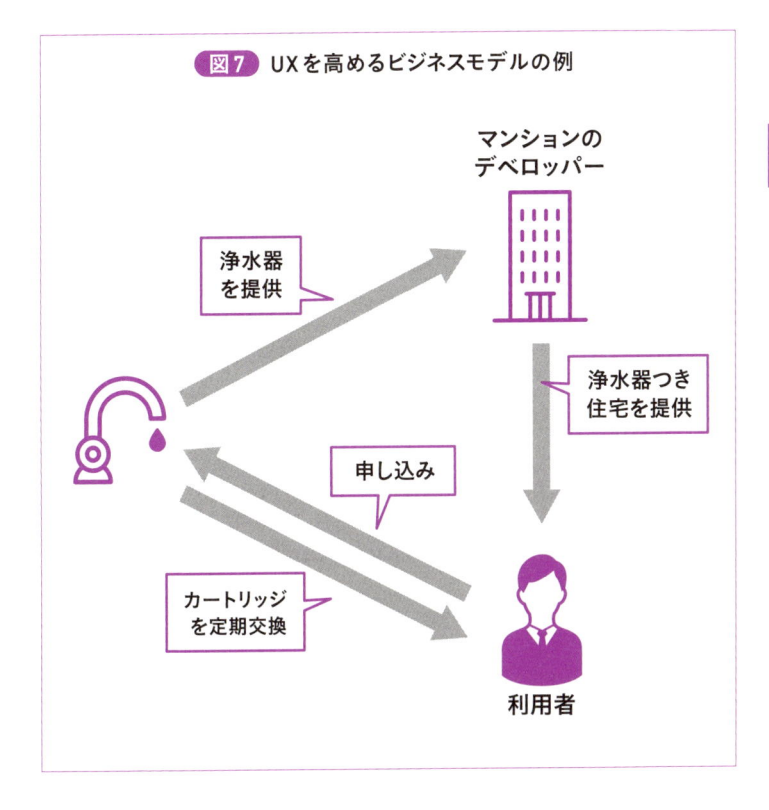

図7 UXを高めるビジネスモデルの例

マンションの
デベロッパー

浄水器
を提供

浄水器つき
住宅を提供

申し込み

カートリッジ
を定期交換

利用者

No.
04

［顧客体験の設計］
顧客体験と口コミの好循環

　ハーレーダビッドソンは日本の輸入バイクでナンバーワン、シェア率約50％の圧倒的強さです（2017年時点）。かつては売上が落ち込んでいた時期があったのですが、購入後の顧客体験を見直すことで売上を伸ばしてきました。お店が主体的にユーザー同士をつないでツーリングイベントを行うなど、ユーザーのコミュニティを丁寧につくっています。バイクを売ったら終わりではなくハーレーに乗る楽しさ、カスタムする楽しさ、ユーザー同士の交流などを演出し、ブランドの魅力度を高めました。

　豊かな体験価値が生み出す口コミは、ブランド戦略としても、販売への波及効果としても大変重要です。口コミはブランドの認知だけでなく、新規顧客候補となる層の購入意向を高めるうえで絶大な力を発揮します。 しかし、口コミは卓越した体験をしなければ発生しません。一点集中でよいので、思わず口コミしたくなるような体験価値をつくりこむことは大変重要で、経済合理性のある投資となります。

● サービス業は顧客体験の積み重ね

　日本航空や全日空のような航空会社は、同じ型の飛行機を使うことがあり、利用者からすれば、移動時間に違いがないことが多いです。ならば、チケットの決済から発券の利便性、空港ラウンジや機内サービスのよさ、マイルやポイントサービスの還元プログラムなどで勝負せざるを得ません。そのため、差別化が難しいサービス業である航空産業は、古くから顧客体験を幅広い視点から進化させてきた業態の1つです。

一方で、メーカーはITの力によって、理想的な顧客体験を現実的なコストで実装できるようになったため「顧客体験」がここ数年の流行語のようになっています。航空会社のように、古くからサービス業に携わってきた人は「なんで今更？」と疑問に思うことも多いようです。デジタル化によって実現できる内容は進化しましたが、概念自体は温故知新とも呼べる内容なのですね（図8）。

図8 様々なフェーズにおける顧客体験

モノに閉じない視点で差別化領域を
広く模索することが重要

検討〜購入
- 周囲の利用者や口コミと触れる体験

開封〜設定
- 食べる前のプッチン（プッチンプリン）
- 届いたらすでに自分のIDが設定済み（Kindle）

使用
- 飲んだあとにひねりつぶす（い・ろ・は・す）
- 定期的なフィルター交換（みず工房）

共有
- ハーレー店舗主催イベント（顧客同士の交流）

修理サポート
- あんしん10年保証（ガリバー）
- コムトラックス（コマツ）

No.
05

［顧客体験の設計］
デジタルによって
さらに広がる顧客体験

● デジタル化が顧客体験の改善を低コスト化した

　前述した通り「顧客体験」が脚光を浴びています。特にメーカーは、モノを売る瞬間以外の接点を維持することがコスト的に難しいことが多かったのが実情でした。ところが、製品をネットにつなげば簡単にアップデートできるようになり、**コミュニケーション接触の頻度も高められるようになりました。**

　製品を売る前でも、製品を売ったあとでも、低コストでお客さんとつながることができるようになったのです。iPhone と Android を比べたときのことを思い出してください。スペックとしてはアンドロイドのほうがよくても、体験全体としては iPhone が優れている面が多いです。消費者にとっての製品の価値とは、顧客体験の累積で表されます。モノ単体の価値だけでなく、連携サービスの価値、人との会話や情報の価値、そのほか、いろいろなものをすべて足したものが、価値として認識されるのです（図9）。

　顧客とつながるコストが低下しているということは、モノ以外の体験を提供しやすくなったということです。**これまで重視されてきたモノ単体の価値ではなく、そのほかの体験で優劣がひっくり返る可能性は高まっているのです。**そのおかげで大企業には大企業だからできることがたくさん増えていますが、小規模であっても小規模なりに、多くの人に低コストでリーチし続ける手段ができました。小規模は企業は、施策展開のスピードやアイデア次第で大きなレバレッジ効果が得られます。

● 進むメーカーとサービス業の連携と競争、構想力が競争力に

　通信モジュール、センサー、ネットワークのコストが安くなったことで、非IT業界でも今後は顧客体験追及の競争がさらに激化していくでしょう。昔なら「こんなことができたらいいけど、無理だな」と諦めていたことが、低コストで実現可能になっていくと、資本力よりも構想力の差が顧客体験の差になり、競争力の差になっていきます。メーカーとサービス業が、お互いの強みを活かすために片手では連携し、もう片方の手では殴り合うような競争機会が、これまで以上に増えていくのは間違いありません。

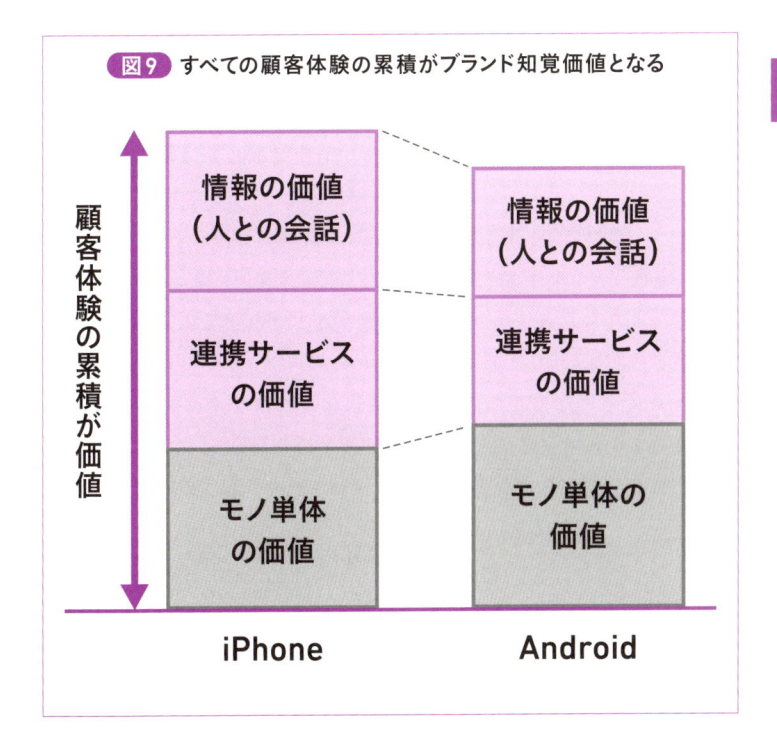

図9 すべての顧客体験の累積がブランド知覚価値となる

顧客体験の累積が価値

情報の価値 （人との会話）	情報の価値 （人との会話）
連携サービスの価値	連携サービスの価値
モノ単体の価値	モノ単体の価値
iPhone	Android

No.
06

［顧客体験の設計］

生活者主語の価値で
接触頻度を増やす

● デジタル時代に沿ったメッセージの発信

　デジタル化によって、企業はこれまでにないほど接触頻度を高めた情報発信が可能になりました。SNSを使えば、毎日のようにファンにメッセージを届けることができます。しかし同時に、どのようなメッセージを発するのか、しっかり考える必要も生じています。

　たとえばトヨタのプリウス。これまでは「トヨタのハイブリッドシステムはすごいんです」「こんなに燃費がいいんです」というメッセージを発していれば充分でした。しかし、毎日毎日「トヨタはすごい」「プリウスはすごい」と聞かされると、消費者としては鬱陶しく感じますよね。

　つまり、**接触頻度が高くなったことで、接触頻度が高くても消費者に受け入れられるような発信の内容が求められています。**たとえば、「運転するとき、こんなことに気をつけると燃費が上がりますよ」という情報や、車すら関係ない、「エコに暮らすためのコツ」といったように、相手にとって有用な役立つ情報を提供しなければすぐに煙たい存在になってしまいます。この変化を一言でまとめるなら、「ブランド主語から生活者主語への転換が求められている」ということです（図10）。

● 求められるのはバランス感覚

　生活者主語でブランドの価値を訴求するということは、その生活者の生活がよりよく変わるような情報発信、価値発信をしなくてはいけません。

ある日、ダイソンがFacebookに投稿した記事では、花粉症対策の7つのコツを紹介していました。もちろん、その記事にはダイソンの製品紹介も含まれているのですが、書かれているのは最後に少しだけ。ダイソン製品とは関係ない花粉症対策のコツを説明したあとに、「ちなみにダイソンを使うと……」という構成になっていました（図11）。

　日常的に消費者と接し、懐に入り込むためには、この日常レベルの願望を叶える、もしくは問題解決に貢献することと、宣伝のバランスを取ることが大切です。

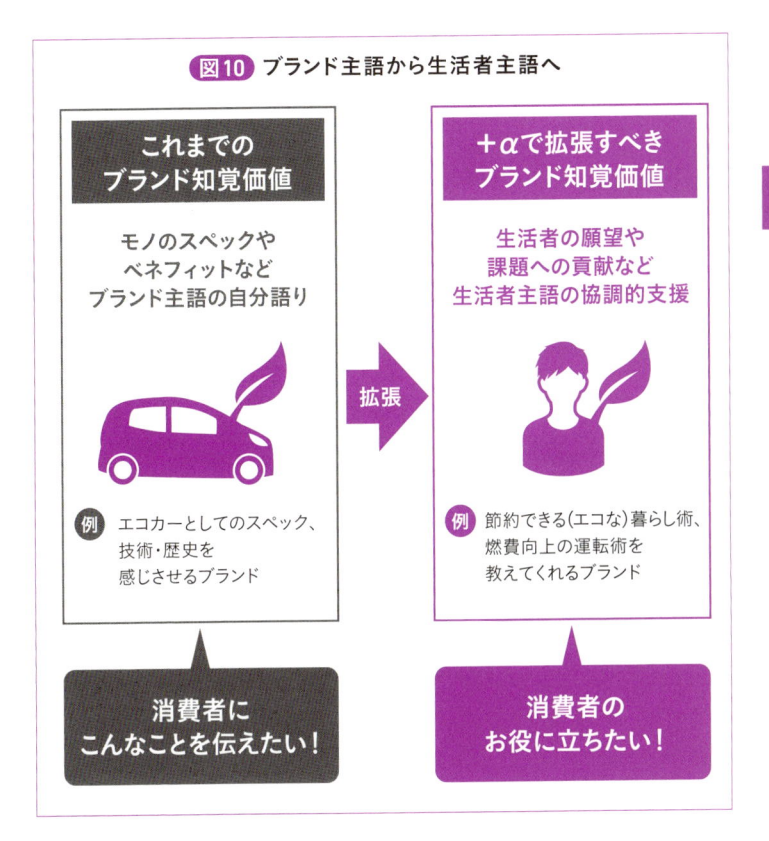

図10　ブランド主語から生活者主語へ

これまでの
ブランド知覚価値

モノのスペックや
ベネフィットなど
ブランド主語の自分語り

例　エコカーとしてのスペック、
技術・歴史を
感じさせるブランド

拡張

＋αで拡張すべき
ブランド知覚価値

生活者の願望や
課題への貢献など
生活者主語の協調的支援

例　節約できる(エコな)暮らし術、
燃費向上の運転術を
教えてくれるブランド

消費者に
こんなことを伝えたい！

消費者の
お役に立ちたい！

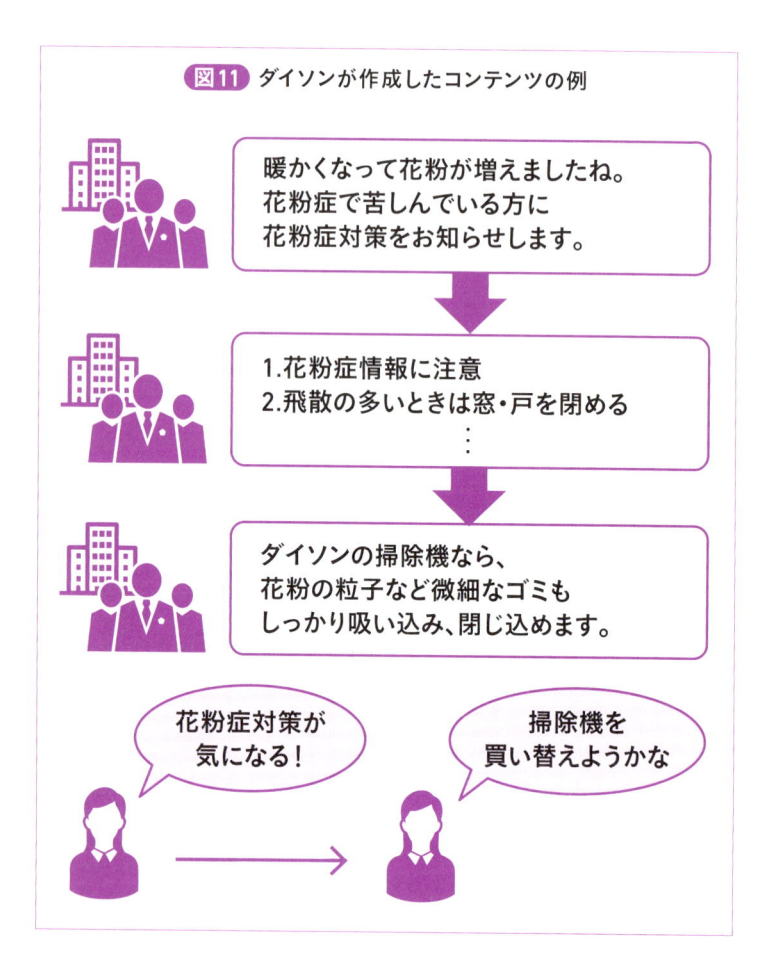

図11　ダイソンが作成したコンテンツの例

暖かくなって花粉が増えましたね。
花粉症で苦しんでいる方に
花粉症対策をお知らせします。

1.花粉症情報に注意
2.飛散の多いときは窓・戸を閉める

ダイソンの掃除機なら、
花粉の粒子など微細なゴミも
しっかり吸い込み、閉じ込めます。

花粉症対策が
気になる！

掃除機を
買い替えようかな

● 消費者の支援者として情報発信を行う

　ある女性向けヘアケアブランドは、「意中の男性を惹きつけるための支援者」とブランドを定義しました。髪の健康を保つための食事、睡眠、生活習慣に加え、天気予報と湿度に応じたヘアセットのアドバイスや、「シーン別の恋愛に効くのはこんな髪型」とか、「こうなると

髪の毛がくちゃくちゃになって、男子も興ざめです」といったコンテンツを提供しました。

P＆Gの紙おむつ「パンパース」は、「子育てするお母さんの支援者」としてブランドを定義し、米国では子育ての不安解消のアドバイス発信や、コミュニティサイトを運営しています。このような支援で感情的な結びつきを増やすことが購買につながると見定めているわけです。

あるいは、食品ブランドが栄養バランスのいいレシピ情報を提供したり、おしゃれな家具屋であれば、「部屋をおしゃれに見せる整理術」を教えたりしています。

これらに共通しているのは、「私たちはあなたを支援しますよ」という立ち位置。製品を売りつける存在ではなく、支援者としての情報発信に努めているという点です（図12）。

図12 生活者に寄り添う情報発信の一例

ヘアケア ブランド	**異性を惹きつけるための支援者** ● 恋愛に効くシーン、イベント別髪型アドバイス ● 髪の健康を保つための食事、睡眠、生活習慣 ● 天気予報・湿度に応じたヘアセットアドバイス
ベビーケア おむつ ブランド	**子育ての支援者** ● 子育ての不安解消コミュニティ運営 ● 子育てのアドバイス
食品 ブランド	**家族の健康を守る支援者** ● 栄養バランスのよいレシピ情報の提供

No.
07 ［レバレッジ戦略］
レバレッジ視点で
ブランド戦略に投資

● トヨタとフォルクスワーゲンの異なるアプローチ

　企業はブランド戦略を具現化したマーケティング4P施策に投資をし続ける宿命にあります。ただ、その投資リソースとなる人・モノ・金は限られています。限られたリソースから最大の成果を獲得するには、レバレッジの利くやり方の活用が鍵になります。

　たとえば、トヨタは商品ブランドごとにコンセプト、デザイン、コア技術が異なるように知覚させるブランド戦略をとっています（図13上）。ヴィッツ、クラウン、FJクルーザーといろいろな車種があって、それぞれのブランド間には、あまり共通性がありません。

　一方のフォルクスワーゲンは、商品群の横串となる共通要素に集中投資しています。フォルクスワーゲンも多くの商品ブランドを抱えていますが、商品ブランドごとにサイズは違い、SUVやセダンなど適した使用シーンも異なるものの、共通性を強く感じさせるデザイン、コンセプト、技術基盤を知覚させるブランド戦略です。直噴式エンジンはTSI、デュアルクラッチ式トランスミッションはDSGといった名称の技術ブランドをほぼ全車種共通して採用しています。車体も共通名称となるMQBプラットフォームをサイズだけ変えて適用するという方法で、商品ラインアップを展開しているのです。「どの車種を選んでも、優れた共通のエンジン、トランスミッション、シャシーで、エコとファンドライブを両立している」と訴求しています（図13下）。

　最近ではトヨタもフォルクスワーゲンと同様のやり方で、TNGA（トヨタ・ニュー・グローバル・アーキテクチャー）という新型プラット

フォームを横串で新機種に導入しはじめていますが、比重は商品ブランドごとに異なる価値を訴求する「個別適応型」寄りといえます。フォルクスワーゲンは商品ブランドを横断して価値を訴求する「横串啓蒙型」ですが、どちらの型にもメリットとデメリットがあります。

図13 トヨタとフォルクスワーゲンのブランド戦略

**トヨタ
個別適応型**

商品ブランドごとに、コンセプト、デザイン、コア技術がすべて異なる(ように見せる)ブランド戦略

**フォルクス
ワーゲン
横串啓蒙型**

商品ブランドごとに、サイズに適した使用シーンは異なるがコンセプト、デザイン、コア技術が共通(に見せる)ブランド戦略

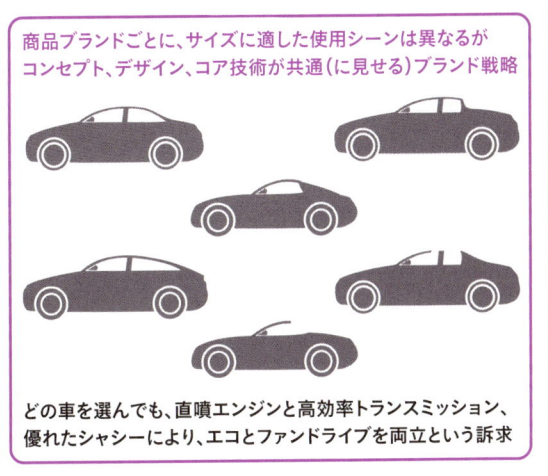

どの車を選んでも、直噴エンジンと高効率トランスミッション、優れたシャシーにより、エコとファンドライブを両立という訴求

● 個別適応型と横串啓蒙型の特徴

　個別適応型の商品ブランド戦略のメリットは、幅広い個別のニーズに適応させやすいこと。資生堂やコーセーなど大手化粧品会社の商品ブランドは、理想的な女性像のバリエーションも多く、ブランドごとにデザインやコンセプトを分けてつくりこまれている好例です。商品ブランドごとに方向性が違えば、いろいろな客層を取り込みやすいといえます。ただし、デメリットとして、消費者がそれぞれのブランドについて認知・理解するためのコストが必要で、投資リソースは分散してしまいます。

　大手は、企業ブランドの強さで基本品質への信頼は担保しやすく、投資リソースも豊富なため、個別適応型をとりやすいといえます。

　一方の横串啓蒙型のメリットは、リソースを各商品ブランドに分散させることなく、横串となる価値の向上と浸透に集中できることです。その横串要素の価値が高まれば、多くの商品の競争力に恩恵が生まれます。その意味において、レバレッジが利くのは横串啓蒙型です。

　横串啓蒙型のデメリットは、横串要素の価値が下がれば、すべての商品ブランドの競争力が一斉に低下し、共倒れしてしまうことです。フォルクスワーゲンのディーゼルエンジン排出ガス不正問題が起きたとき、多くの車種の販売が一気に減速したのは、象徴的事例です（図14）。

● すべての商品を単一ブランドにぶら下げる

　"横串"によって急成長している中小企業の1つに、だしで有名な「茅乃舎」を展開する久原本家が挙げられます。久原本家は明治26年創業で醤油蔵を原点とする九州の小さな企業でした。しかし、「茅乃舎」ブランド事業のヒットで大きな成長を遂げ、現在の久原本家グループの売上は2017年2月期には225億円規模に達しています。

茅乃舎が巧みなのは、だしのスペシャリストという評価を活かし、ドレッシングなど多くの派生商品を展開していること。だしがうまいと認識すれば、そのだしを使っている商品は全部美味しそうとお客さんは期待します。だしは料理の基本ですから、横軸にうってつけの要素です。

中小企業の場合、複数ブランドに投資し続ける体力がないため、大きく育ちそうな商品・サービスブランド、もしくはすべての商品・サービスを包含する企業ブランドに投資を集中させるのが、基本の勝ち筋です。

図14 個別適応型と横串啓蒙型の違い

	個別適応型	横串啓蒙型 (レバレッジ投資)
考え方	● 企業ブランドで、基本的品質への信頼感を担保 ● 商品ブランドごとに異なる市場ニーズに適応し、それぞれ個別最適で異なる付加価値を追求	● 企業ブランドや技術ブランドで基本的品質と付加価値を商品横断的に訴求 ● 商品ブランドは"適した用途、サイズの違い"など機能的識別役割に留まる傾向
○ メリット	● 幅広い個別ニーズに対応できる	● ブランド投資リソースを集中投下
× デメリット	● ブランド投資リソースが分散してしまう	● 横串価値が競争力を失った際、すべて共倒れしてしまう
例	トヨタ、P&G、ユニリーバ、ネスレ、サムスンなど	アップル、BMW、スバル、マツダ、フォルクスワーゲン、ダイソンなど

No.
08

［レバレッジ戦略］
ブランド戦略における
集中投資の効果

　ブランド戦略において、いかに人々と接触し、存在を認識されるか、いかに広めてもらうか、というのは重要な視点です。そこで出てくる考え方が「メディア化しやすい商品・サービスや人」への集中投資です。

　サムスンの切り口が違う2つの取り組みを紹介しましょう。

　2000年代、サムスンは商品の広告投資を携帯電話に集中投下しました。なぜならば、携帯電話は持ち歩き、人に見せる機会が多いモノだからです。携帯電話が事業として伸びて儲かるという判断だけでなく、サムスンのブランド価値を高める　この原理が働く商品とみなしたわけです。

　また、世界中の主要な空港に重点的に広告を出しました。他にも、国際会議が開かれるような高級ホテルに対して、採算が怪しいほどの低価格で客室用テレビを卸していたという話もあります。この結果、世界中に出張する影響力の高いエグゼクティブたちが、サムスンばかり目にすることになり、「どこに行ってもサムスン一色」と感じさせることに成功しました。

　「どうやら最近はサムスンがいいみたいだぞ」と認識したエグゼクティブは、周りの人に広める"広告塔"の役割を見事果たしてくれました。実際に筆者の友人の経営者も2000年代は「最近は海外出張するとサムスンばかりだよ」と見事にその戦略にはまって、周囲に力説していました（図15）。

◉ Macを売るにはiPhoneを売るのが効率的

　アップルは2000年代前半から中盤まで、広告投資をiPodに集中さ

せていました。それはなぜか。当時、携帯型音楽プレーヤーに巨額投資していた企業はいなかったため、広告投資として効果的だったことが理由として挙げられます。また、iPodを買った人のその後の動向を調べてみると、パソコンを新たに購入する場合、Windowsではなく Macを選択する確率が有意に高かったからと推察されます。Macと iPod、どちらも広告に力を入れるのではなく、iPodに傾斜配分したほうがトータルでは成果が大きくなるという見立てです。

　現在もこの戦略はiPhoneへの集中投資へと形を変え、継続してるといえそうです（図16）。

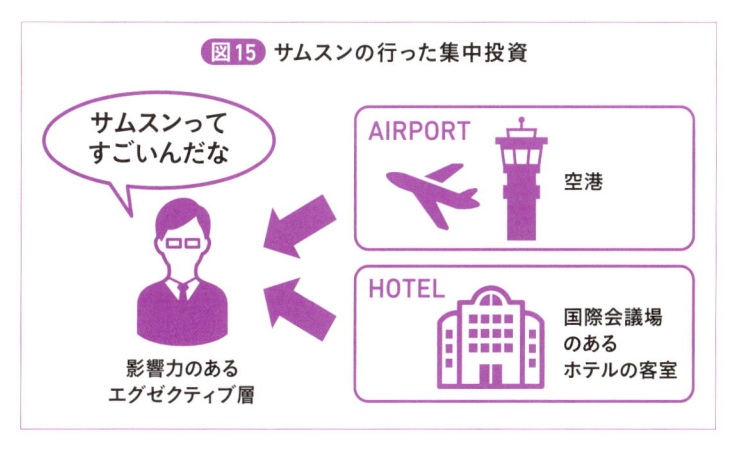

図15 サムスンの行った集中投資

サムスンって
すごいんだな

影響力のある
エグゼクティブ層

AIRPORT
空港

HOTEL
国際会議場
のある
ホテルの客室

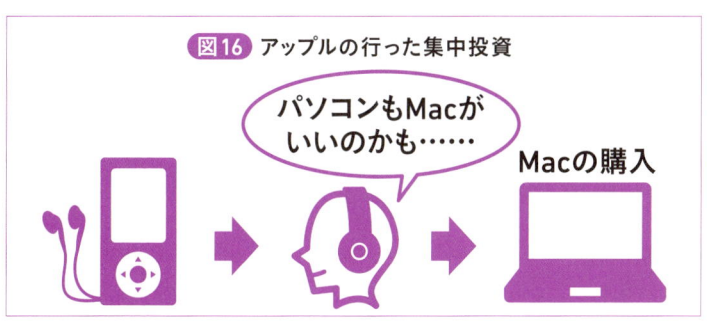

図16 アップルの行った集中投資

パソコンもMacが
いいのかも……

Macの購入

No. 09

［レバレッジ戦略］

組織の壁がレバレッジ要素への投資集中を阻む

　日本の大企業はレバレッジを利かせたブランド戦略が苦手とされています。その理由は組織構造に伴うマーケティングの権限分散にあります。

　日本の大手企業は一般論としてブランド戦略とプロモーション予算が縦割りになっていることが多いです。その場合、事業や商品ごとに商品企画、プロモーションなどの予算が売上規模に応じて分配され、予算の使い方はそれぞれ個別最適で追求される傾向が強くなります。その結果、特定のブランドに集中投下するという傾斜配分が組織力学的に難しいのです。

　横串啓蒙型やレバレッジを効かせた投資は、組織構造がある程度中央集権的でないと難しい面があります。アップルやサムスンはオーナー経営企業であったことが有利に働いたと推察されます。オーナー的存在がいないならば、ブランドやマーケティング投資の費用対効果を、全体最適の視点から最適化するCMO（チーフ・マーケティング・オフィサー）という役職と権限が必要です。残念ながら日本企業の多くではCMOは根付いていませんが、**同じ投資リソースが使えるなら、レバレッジの利く使い方をしたほうが有利です**（図17）。**レバレッジ投資した企業としなかった企業は、数年後には複利の累積効果で大差がついてしまうこともあります。**

● 官僚化した大手企業に勝つのはレバレッジ投資のチャレンジャー

　携帯電話に参入した当時のソフトバンクは、市場から相当不安視されていました。NTTドコモやKDDIとは企業体力＝投資リソースの絶対

量もブランド力も違う。それが2014年3月期の連結決算（IFRS）では、営業利益が1兆853億円とNTTドコモを超えました。ソフトバンクの孫社長こそ、レバレッジ投資を徹底した人です。その昔は、iPhoneに集中投資、今では伸び代の少ない国内より海外市場に集中投資。リスクはありますが、そのメリハリが外から見ていても明白です。**弱者がより大きな強者に勝つ王道は、レバレッジ投資です。**

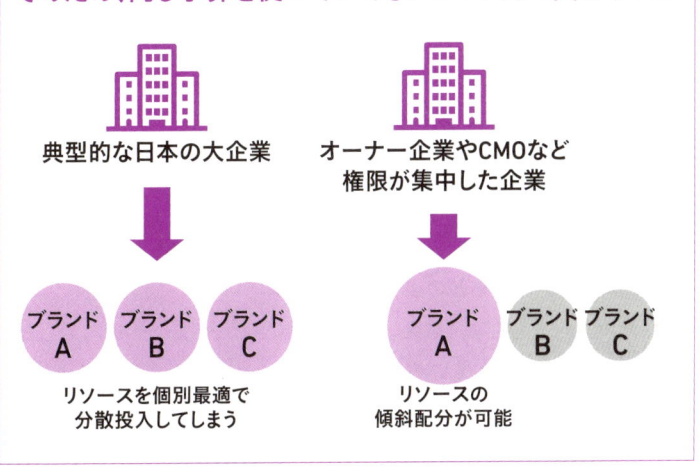

図17 日本の大企業がレバレッジ戦略をとりにくい理由

ブランド戦略とプロモーション予算が
事業部ごとの縦割りになることが多いため……

**商品を横串したエビデンス要素の合意が難しく、
バラバラの個別適応型になりやすい**

レバレッジ効果の高い商材に
プロモーション投資を集中投下できない

そのため、同じ予算を使っていてもブランド力で負けやすい

典型的な日本の大企業

オーナー企業やCMOなど
権限が集中した企業

ブランドA　ブランドB　ブランドC

ブランドA　ブランドB　ブランドC

リソースを個別最適で
分散投入してしまう

リソースの
傾斜配分が可能

No.
10

［戦略立案の注意点］
ブランド乱立の弊害

● ブランドの財務的な価値

通商産業省から経済産業省に名称が変わった 2001 年頃の話ですが、経済産業省の企業法制研究会は「ブランド価値評価研究会報告書」を発表し、ブランド価値を金銭的価値に換算する試みをして注目を浴びました。当時絶頂期のソニーが非常に高額な金額に換算されていました。

その試算に基づき、様々な大手企業で、子会社のグループ企業もブランドの恩恵を受けているはずだという考えから、本社がブランドの使用料を徴収しようとする動きもありました（図18）。仮に日立を例にするならば日立建機や日立ソリューションズから、「『日立ブランド』の恩恵を受けているはずだから、本社がロイヤリティをもらいますよ」という話です。しかし、多くの子会社から抵抗が出て、頓挫したケースが大半です。後講釈にはなりますが、当時の研究は、経営がブランドに着目してマネジメントする動機づけにおいて成果を挙げましたが、マーケティング 4P 施策を担う現場に影響のある話は少なく、当時のブランド戦略は抽象度の高い話が多かった印象です。

● ブランドの数は強さではない

当時は、ブランドをどのように捉えればいいのか、どう運用していけばいいのか、大企業でさえ、まだ充分にわかっていませんでした。企業の強さは、抱えているブランドの数とイコールではありません。2000 年代前半に、ブランド戦略部を立ち上げる大手企業が相次ぎましたが、その目的の 1 つは乱立したブランドの整理にありました（図19）。

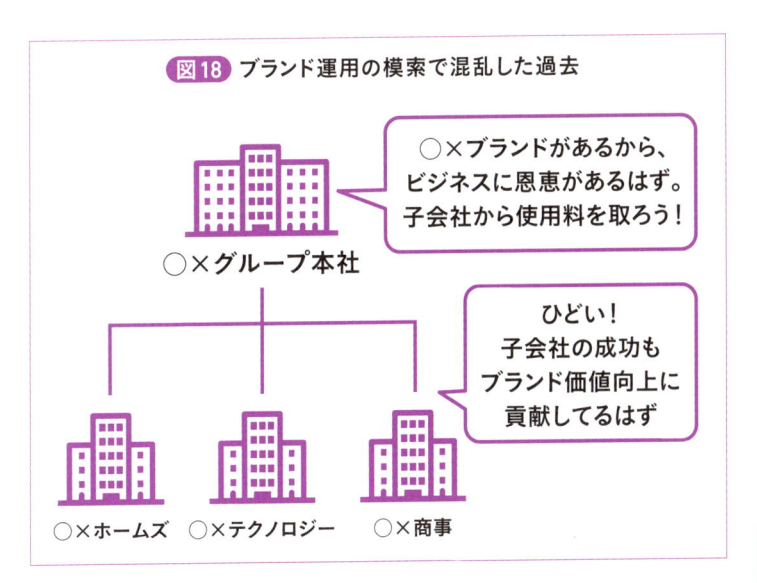

図18 ブランド運用の模索で混乱した過去

○×グループ本社

○×ブランドがあるから、ビジネスに恩恵があるはず。子会社から使用料を取ろう！

ひどい！子会社の成功もブランド価値向上に貢献してるはず

○×ホームズ　○×テクノロジー　○×商事

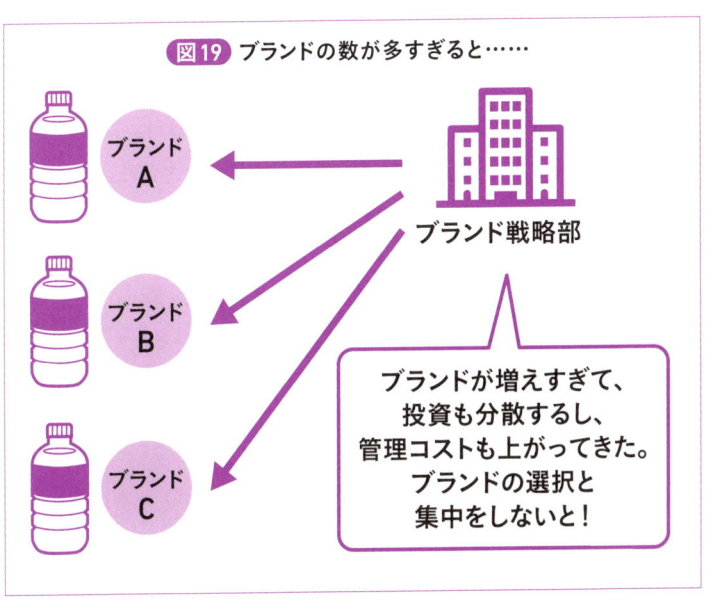

図19 ブランドの数が多すぎると……

ブランドA

ブランドB

ブランドC

ブランド戦略部

ブランドが増えすぎて、投資も分散するし、管理コストも上がってきた。ブランドの選択と集中をしないと！

◉ 1つの企業内であふれるブランドロゴ

　昔、ある電機メーカーでは、事業部の現場判断で社名ブランドロゴのほかに、商品ブランドロゴや、技術ブランドロゴまで名刺に印刷していました。さらには、商品ブランドの中で新しい商品が加わると、その型番まで名刺に入れる社員も出てきました。

　あるいは、某メーカーのプリンターの箱もかつて、商品ブランドロゴに加え、インク技術のロゴ、印刷技術のロゴ、環境技術のロゴなど10個近くのロゴがパッケージの箱やカタログに密集して掲載され、消費者からするとロゴだらけで、何に着目したらよいのかわからない状態でした。

◉ 多すぎるブランドは機能を果たせない

　自分たちが開発した画期的と信じている商品や技術をブランド化したいというのは、社員としては当たり前に抱く思いです。

　しかし、思い出してほしいのは、ブランドの機能とは、情報処理を簡略化して、選択を容易にするということです。**ロゴだらけの名刺や包装は、その真逆で、顧客に混乱を引き起こします**（図20）。

◉ ブランドの取捨選択が必要

　皮肉にも企業のブランドへの意識が高まった結果、社内で野放図にブランドが増えすぎ、「そもそも何をブランドとすべきか」「どのようなルールでコントロールすべきか」という運用ルールの整備が求められるようになりました。**ブランドを増やすのは簡単ですが、顧客に認知されるには継続的な投資が必要です。**

　また、**ブランドの廃止は社内で大きな摩擦を引き起こします。ブランド戦略には運用ルールの整備が欠かせません。**

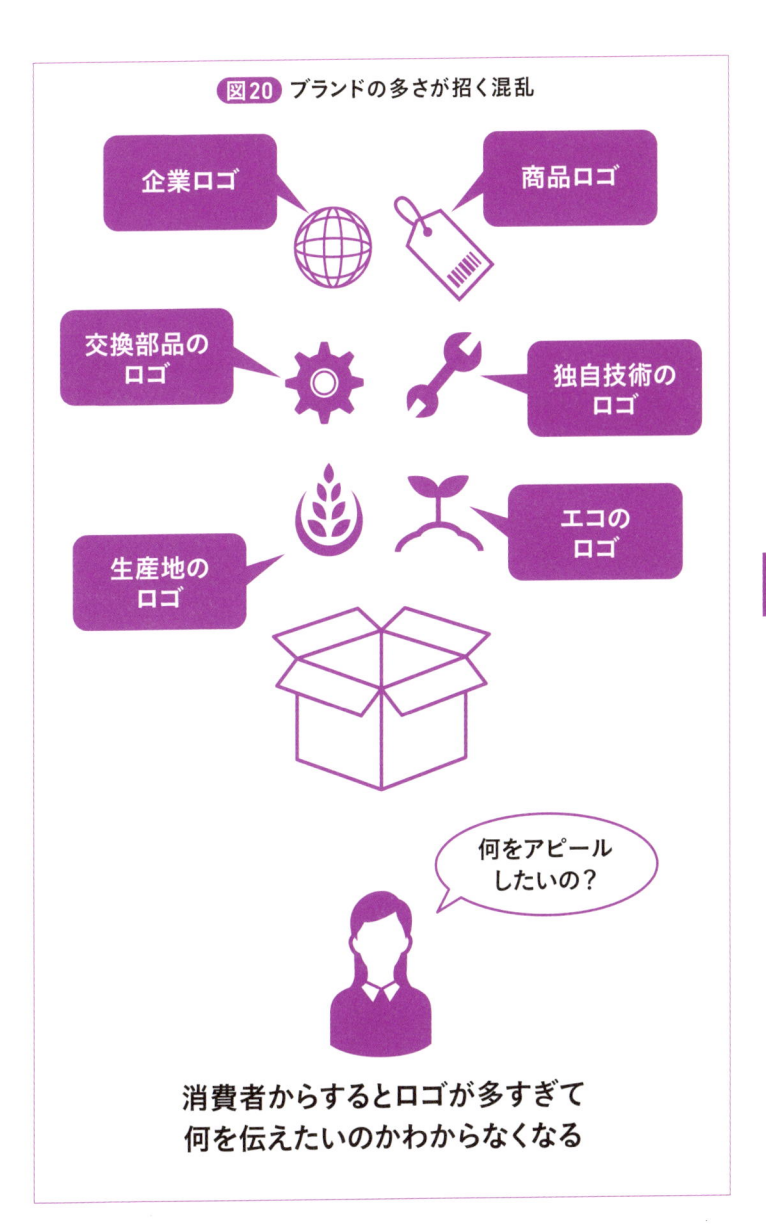

図20 ブランドの多さが招く混乱

企業ロゴ

商品ロゴ

交換部品の
ロゴ

独自技術の
ロゴ

生産地の
ロゴ

エコの
ロゴ

何をアピール
したいの？

消費者からするとロゴが多すぎて
何を伝えたいのかわからなくなる

No.
11

［デジタル化のメリットを活かす］
ブランド戦略における
SNSアカウント

● 真面目で信頼できるだけでは人気が出ない

　企業がSNSのアカウントを運営することは珍しくなくなりました。しかし、SNSという場は、面白いとか好みで支持される比重も高く、合理的な発想の投稿だけでは成功が難しいのが現実です。

　SNSアカウントの価値を分解すると、伝える内容・コンテンツ、伝える切り口・編集技術、投稿者の人格や個性を感じさせるトーンアンドマナー、この3つの掛け算で成り立っています。

　1つ目の「伝える内容・コンテンツ」は、そもそもブランドが魅力度の高いコンテンツをどの程度持っているか？というブランド自体のポテンシャルも関係します。2つ目の「切り口・編集」は同じ内容でもキーワードの使い方や構成で魅力は変わります。これは努力である程度学習できるスキルです。3つ目が一番難しいですが、にじみ出る「投稿者の人格」です。この3つ目がリスクを嫌う企業組織としては実に難しいところ。

　銀行の公式アカウントが、保守的な銀行の風土やブランドイメージである品行方正さを重視してアカウントを運用しても、一般人が興味を持ち、積極的に耳を傾けることはありません。つまり、"正しいだけの情報"を一方的に発信しても、ブランドのファンを増やすことができないのです。これは多くの企業のSNSアカウントが抱えている構造的な課題です。

● 企業アカウントが機能しないならキーマン個人を立てる

　大手企業の公式アカウントながら、運営者の人格を感じさせて人気に

なったものも存在します。しかし、内情を知ると極めて個人的な資質で成立しており、残念ながら再現性は低いのが実情です。

では、どうするのか？**企業公式アカウントを諦めて、経営層個人のアカウント発信に切り替えるのも1つの有力な方法です。**アップルのSNS公式アカウントの多くは、取得しながらも休眠状態で、"やらない判断"をしているようです。その代わり、CEOなど経営層個人は積極的に発信して多くのフォロワーを獲得しています。個人のアカウントはいずれ退社する可能性があり、リスクもありますが、結局のところSNS市場において魅力なき公式アカウントでは機能しません。キーマンの個人アカウントは、リスク面でベストではなくともベターチョイスといえます。

中小企業やオーナー企業であれば、オーナー個人の色、スタッフの色を出すなど、何らかのキャラクターを前面に立てる戦略も有効です。「今日の店長のおすすめはこれ」などと、店長を立ててもいいですし、運用者個人のキャラクターでもいいでしょう。あるいは、実在の人物ではなく、つくりあげたバーチャルキャラクターを立てるのも1つの手段です（図21）。

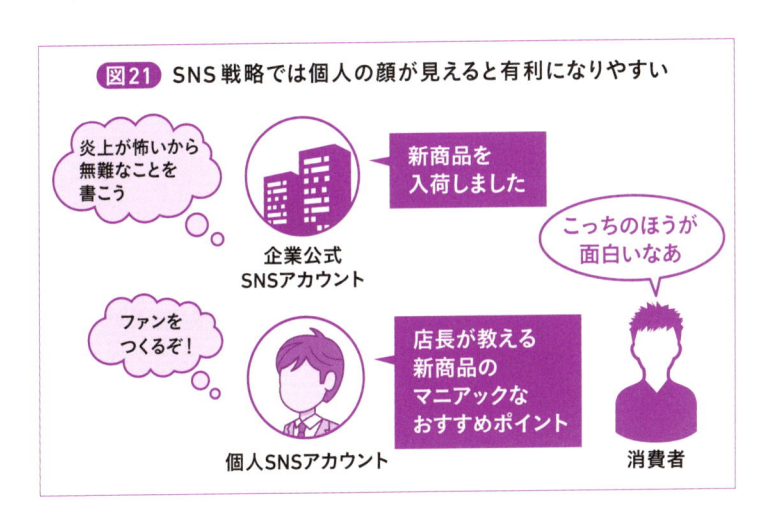

図21 SNS戦略では個人の顔が見えると有利になりやすい

No.
12

[デジタル化のメリットを活かす]

デジタル化はスモール
スタートで段階的に投資

● バズワードとなった IT ソリューションに踊らされない

　近年のマーケティング業界のキーワードに、「マーケティングオートメーション」や「ビッグデータ分析」と呼ばれるソリューションやツールがあります。マーケティングオートメーションは、ウェブサイトの訪問者の分析、潜在顧客の自社サービス関心度を推定するスコアリング、見込み客への関心度を高めるコンテンツ提供、キャンペーン管理やレポート作成などの多くの機能を、1つのソフトウェアで統合したものです。ビッグデータ分析は、その名の通り大量のデータを分析し、何かしらの示唆を得て、施策パフォーマンス改善に活用するというものです。しかし、これらのソリューションを高額で導入したけれど、うまく使いきれないという話もたくさん耳にします。状況を聞くほどに、そもそも導入が時期尚早で「過大投資では」と疑問符のつくケースも多く見受けられます。

● デジタル化はスモールスタートでトライアンドエラーすべき

　デジタル化は、有効なマーケティング戦略の基盤があって、はじめて投資に相応しい成果が得られます。IT ツール類に投資すれば、マーケティング戦略や顧客の関心を高めるコンテンツが自動生成されるわけではありません。デジタルへの大規模投資でリターンを得るには、ブランドのターゲットと訴求すべき自社の強みが明確なことが最低条件です。デジタルのコミュニケーション施策が手付かずの会社ならば、エクセルの簡易分析やメール配信ツールでも一定の成果は出ます。デジタル

は魔法の杖ではないことを肝に銘じ、段階的な投資計画を立てましょう（図22）。

図22 コミュニケーション施策成果の公式と要点

ブランド戦略のよさ
● ターゲット顧客のインサイト　● 知覚価値など

コミュニケーション
施策の企画、実装力の高さ

ITツール、ソリューションの適切な使用による
顧客リーチ拡大や獲得効率向上のレバレッジ効果

成果

✓ 掛け算なので、ITツールやソリューションにだけ投資しても、
ブランド戦略の不在や コミュニケーション施策のレベルが低いと成果は出ない

✓ ITツールやソリューションは、ブランド戦略の検証や軌道修正には役立つが、
ゼロから戦略を組み立てるためのものではない

✓ 戦略と施策力を高めてから、スモールスタートで費用対効果を検証したうえで
大規模投資を判断するという段階的な投資が適切な場合が多い

No.

13

[デジタル化のメリットを活かす]

施策は顧客獲得・育成の視点から評価する

● コミュニケーション施策は目的が混乱しがち

ビジネスにおけるデジタル化の中には、商品・サービスのデジタル化もありますが、これらは長期的かつ大規模な投資が必要となることが多いでしょう。ここでは一旦コミュニケーション施策に限ったデジタル化を解説します。

コミュニケーション施策は、デジタル化によって接点となるメディアが細分化しています。テレビや雑誌のような旧来メディア、SNS、自社ブランドサイト、自社ECサイト、スマホのアプリというように、顧客接点メディアは増える一方です。これらは手法や接点によって自社内の担当者が分かれます。さらにはそれぞれの施策を委託している外注パートナーもそれぞれ得意技が異なるため分散していることが多く、とかくコミュニケーション領域は、施策と関係者が分散し、混乱しがちです。

● 画期的な手法や施策は顧客獲得・育成の何を改善するのか?

コミュニケーションの世界は、ITによる新しい概念や手法のキーワードが日々出現します。その際に、事業会社の立場では、その新手法の仕組みより、「新手法で、顧客獲得と顧客育成のどのプロセスを、どの程度改善できそうか?」という成果の見込みを理解することが大切です。新しい手法なので、限られた材料からの推定で構いません。成果の期待値と、投資する人やお金との兼ね合いを評価し、限られた資

源の配分先として、施策の優先順位づけと絞り込みをしましょう。施策は効果のあるものに絞るべきで、絞り込みなき新施策は、社内の疲弊と成果の減少を引き起こします（図23）。

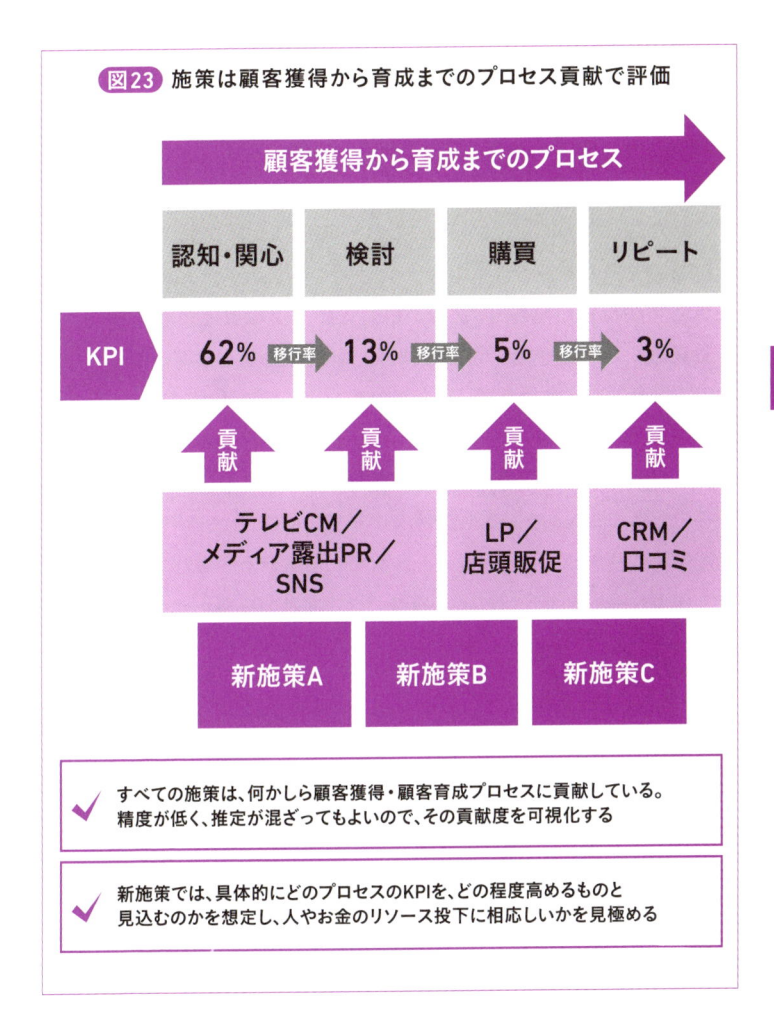

図23 施策は顧客獲得から育成までのプロセス貢献で評価

顧客獲得から育成までのプロセス

| 認知・関心 | 検討 | 購買 | リピート |

KPI　62% →移行率→ 13% →移行率→ 5% →移行率→ 3%

貢献　貢献　貢献　貢献

| テレビCM／メディア露出PR／SNS | | LP／店頭販促 | CRM／口コミ |

新施策A　新施策B　新施策C

✓ すべての施策は、何かしら顧客獲得・顧客育成プロセスに貢献している。精度が低く、推定が混ざってもよいので、その貢献度を可視化する

✓ 新施策では、具体的にどのプロセスのKPIを、どの程度高めるものと見込むのかを想定し、人やお金のリソース投下に相応しいかを見極める

No.

14

［デジタル化のメリットを活かす］
ネットの施策は
偶発機会への対応が鍵

● 計画性の高い企業組織の、偶発性の高いネットコンテンツへの対応

　企業というのは、基本的にその規模が大きくなるほど、売上や投資の予算計画を立てて、その計画に沿って予算を投資する性質があります。しかし、インターネット上にリリースされたコンテンツはSNS上で影響力を持つインフルエンサーが注目し、言及することで、急にポジティブな反応が増える、あるいはネガティブな反応が増える（いわゆる炎上）という予測不可能な偶発的事象が発生します。

　この偶発的な機会の活用こそ、コンテンツに触れる人のリーチを大幅に増やし、ポジティブなブランドへの評判を増幅させる、もしくは負の評判を増幅させてしまうレバレッジ要素となります。

　そのためコミュニケーション施策の予算の使途は、できれば10〜20％程度は可変性を見込んだ予算とし、実際に反応がよかったコンテンツやコミュニケーション施策に追加投資できる機動力を持たせましょう。

● 第三者の推奨でいきなり火がつくコンテンツ

　筆者は沖縄本島から車で行ける古宇利島が好きで、よく旅行で行きます。昔は、人の少ない景色のよい島でしたが、昨年現地に行ったら見たこともない人だかりが島の一部にできていました。古宇利島の海岸にある岩がハート型に見えるということでテレビ放映されたらしく、そこからSNSで拡散されて、観光客が短期で激増したそうです。周囲は有料駐車場だらけになり、現地には中国人から日本人まで大量の観光客が記念撮影をしていました。偶発的コンテンツの典型です（図24、25）。

図24 一気にブレークした「ハートロック」

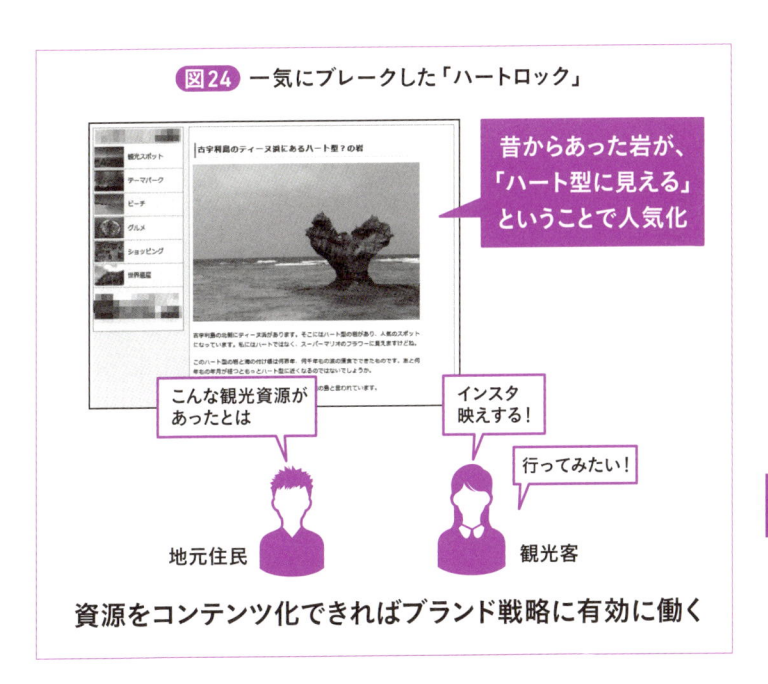

昔からあった岩が、「ハート型に見える」ということで人気化

こんな観光資源があったとは

インスタ映えする！

行ってみたい！

地元住民

観光客

資源をコンテンツ化できればブランド戦略に有効に働く

図25 ハートロックで記念撮影する観光客

COLUMN　SNSでの存在感は
リアルな存在感へと昇華する

　SNSというのは不思議な装置で、SNSをメインの情報ソースにしている生活者にとっては、SNS上の存在感が、リアルな市場での存在感として誤認を引き起こす作用を持っています。

　たとえれば、「会社の売上が1億円で、フォロワーが3万人いる企業関連アカウント」と、「会社の売上が10億円あるが、フォロワーが100人しかいない企業関連アカウント」があった場合、業界の実情をよく知らないSNSユーザーからしたら、前者の企業のほうがはるかに大きな存在感を持ち、マインドシェアが高いということは珍しくはありません。

　何かその業界のサービスを検討するとき、前者の会社がリサーチ対象や問い合わせ先の1社になる可能性は高いでしょう。つまり、SNS上の存在感が、リアルなビジネスに大きな恩恵を与え、好循環を生むこともあります。

　逆にいえば、SNSやネット空間上で存在感がなければ、その業界を詳しく知らない潜在的な顧客層にとっては、存在しないも同然です。存在感が薄い大手企業は、そのまま放置すると長期的には負のインパクトがある可能性を真剣に捉えたほうがよいでしょう。顧客の頭の中で存在しないブランドは選ばれようがない。この事実から目を背けてはいけません。

　私の会社のクライアントである大手食品企業は、テレビCMでは常に話題になりながらもネット上での存在感の薄さに危機感を持ち、SNSやネット上での存在感を強化する施策にトップ自らがコミットしました。その結果、見事にネットでの露出は大幅に増加しました。大手でもトップが危機感を持って、リスクを許容してリソース投下すれば改善は可能なのです。

CHAPTER

4

ブランド戦略の実行

No.
01

［関係者を巻き込む］
戦略の失敗を防ぐ方法①
与件をしっかり引き出す

　ブランド戦略を考える際、まずはプロジェクトの推進体制をしっかり検討しましょう。第2章でも指摘した通り、大企業では組織間でうまく連携が取れないことが多くあります（図1）。**事前に回避できる失敗を防ぐために、調整に一定の時間を割くのは、最終的には効率的な動きといえます。**

● 経営層の意向を事前に汲み取るようにする

　ブランド戦略の検討体制を定める際、失敗を避けるために絶対に見落としてはいけないことが2点あります。

　1つはしっかりと経営層から与件を引き出しておくこと。「自由に検討してよ」といわれたのに、あとからいろいろな制約条件が発覚するというのはよくあることです。

　ドラッグストアに置く商品を企画していて、「一面ブランド棚を確保したシリーズを展開しましょう」という結論になったとします。事前に与件を引き出しておかないと、経営陣にプレゼンした際に、「ブランド棚を取るには相当なリベートが必要だし、マス広告を入れないと無理。そんな余裕はない」と否定される可能性があります。

　あるいは「こんなブランドを新しく創りましょう」と提案したら、「いや、何か違う」と難色を示され、何が違うのかをよくよく聞き出してみると、既存ブランドをどうにかして活かしたいというのが本音だった……。「それ、先にいっておいてよ」と思ってしまいそうですが、似たような経験をしたことがある人もいるのではないでしょうか。経営層が与件をうまく言語化できていないこともあるので、ちゃ

んと引き出しておくことで無駄な手戻りを防ぎます。**経営層に「与件は何か？」と問うのではなく、Yes/Noで答えられる質問で事前確認することが重要です**（図2）。

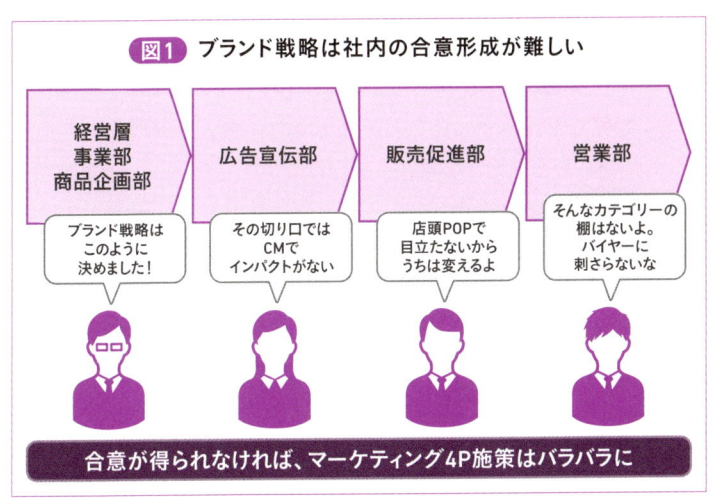

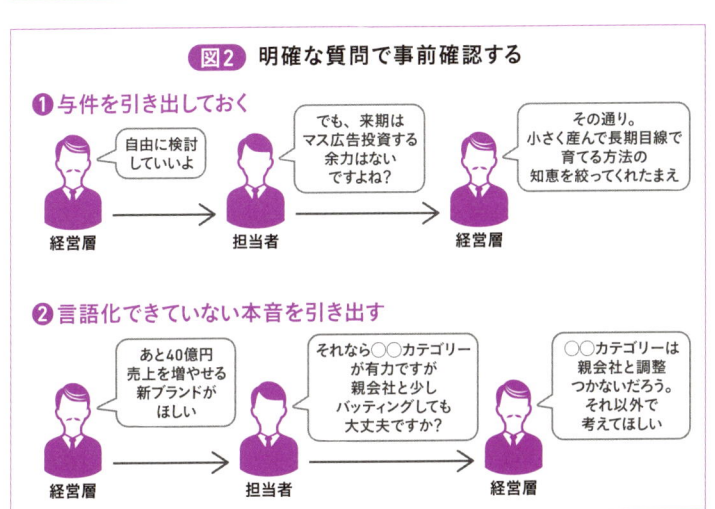

No.
02

[関係者を巻き込む]

戦略の失敗を防ぐ方法②
各部門を巻き込む

　ブランド戦略の推進にあたり、見落としてはいけないことのもう1つが、各部門を関与させること。巻き込むべき人や部門を巻き込んでいないと、あとで実行の際に「自分は聞いていない！」と障壁になることもあります。

　そもそも「全部満点」の戦略はありません。何かを優先させたら、どこかが後回しにされることもあります。戦略プランの選択肢を比較検討し、プランAを選んだ理由と同時に、プランBを選ばなかった理由も関係部門で共有しておくのが、あとでぶれないための鍵です。

● 合意形成は後回しにしない

　商品企画、デザイン、広告宣伝、販売促進、店舗の営業など、それぞれが関与して、部門横断で検討してブランド戦略を策定する体制を築くことができれば、実行タイミングではすんなり進みやすくなります（図3）。

　合意形成には必ずコストがかかります。トップダウンだと大してコストがかからないように思えますが、実際にトップの判断を浸透させるためには、相当な手間が必要になります。

　選択肢は「合意形成を先払いするか、後払いするか」の2択です。ここでいう先払いというのは、各部門を巻き込んでブランド戦略を立てる方式を指します。

　先払いのほうは、決めるまでのプロセスが非常にまどろっこしくなります。参加人数が多くて、意見の調整だけでなく、会議の時間調整も大変です。でも、あとが楽になります。だから私は**基本的に先**

払いをおすすめします。

　どうしても先払いが不可能で、後払いになってしまった場合は、「どんな議論があって、最終的なブランド戦略ができあがったのか」をしつこいぐらいに伝える必要があります。「広告宣伝の部長はあんまり腹落ちしてないから、ちょっと飲みに行かなきゃね」と、そんな具合の根回しも現実的には重要となります。

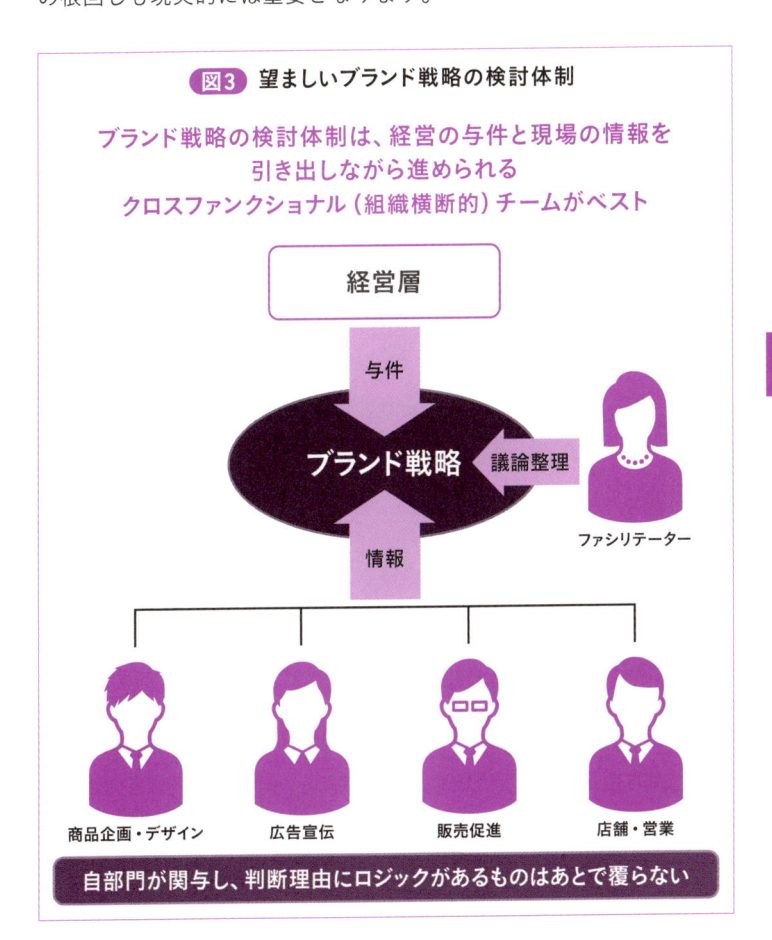

図3　望ましいブランド戦略の検討体制

ブランド戦略の検討体制は、経営の与件と現場の情報を
引き出しながら進められる
クロスファンクショナル（組織横断的）チームがベスト

経営層

与件

ブランド戦略　議論整理

ファシリテーター

情報

商品企画・デザイン　　広告宣伝　　販売促進　　店舗・営業

自部門が関与し、判断理由にロジックがあるものはあとで覆らない

No.
03

［ブランドの一貫性を担保する方法］
ブランド戦略の一貫性を保つ3つの型

● 強力なカリスマ性で担保する

　ブランド戦略の一貫性を保つ方法は大きく分けて3種類あります。

　1点目はカリスマが引っ張ることで一貫性が生まれる「**カリスマ牽引型**」。創業者や創業家が牽引することもあれば、ソニーの元会長・大賀典雄氏のような、創業家でなくとも中興の祖と呼ばれる人が立役者になることもあります。カリスマが、「これは良い、これは悪い」と判断し、「これでいく」と号令をかける。**カリスマの属人的な感性や嗜好によって、一貫性が保たれるというパターン**です。

　全社レベルでなく商品ブランドレベルなら、サントリーやリクルート、サイバーエージェントのように、商品の責任者がプチカリスマとなって、その人の想いで一貫性が保たれることもあります（図4）。

● 他社が真似できない高い技術力で担保する

　2点目は**技術牽引型**。20世紀の日本メーカーのように、お客さんから見ても明らかな技術差がある場合、技術の差が顧客体験の差として他を圧倒できます。さらにはブランドの一貫性も、技術力の高さによって担保されます。

　当時、特に強かったのがメカトロニクス企業。**物理的な機械部品をいかに組み合わせるかで価値を生み出すのが、日本企業の強さの源泉でした**。たとえばフィルム時代のカメラは物理的な精密部品制御の固まりで、20世紀の中盤から後半にかけて、日本メーカーが世界的に圧倒的な強さを誇り、多くの海外メーカーが姿を消しました。

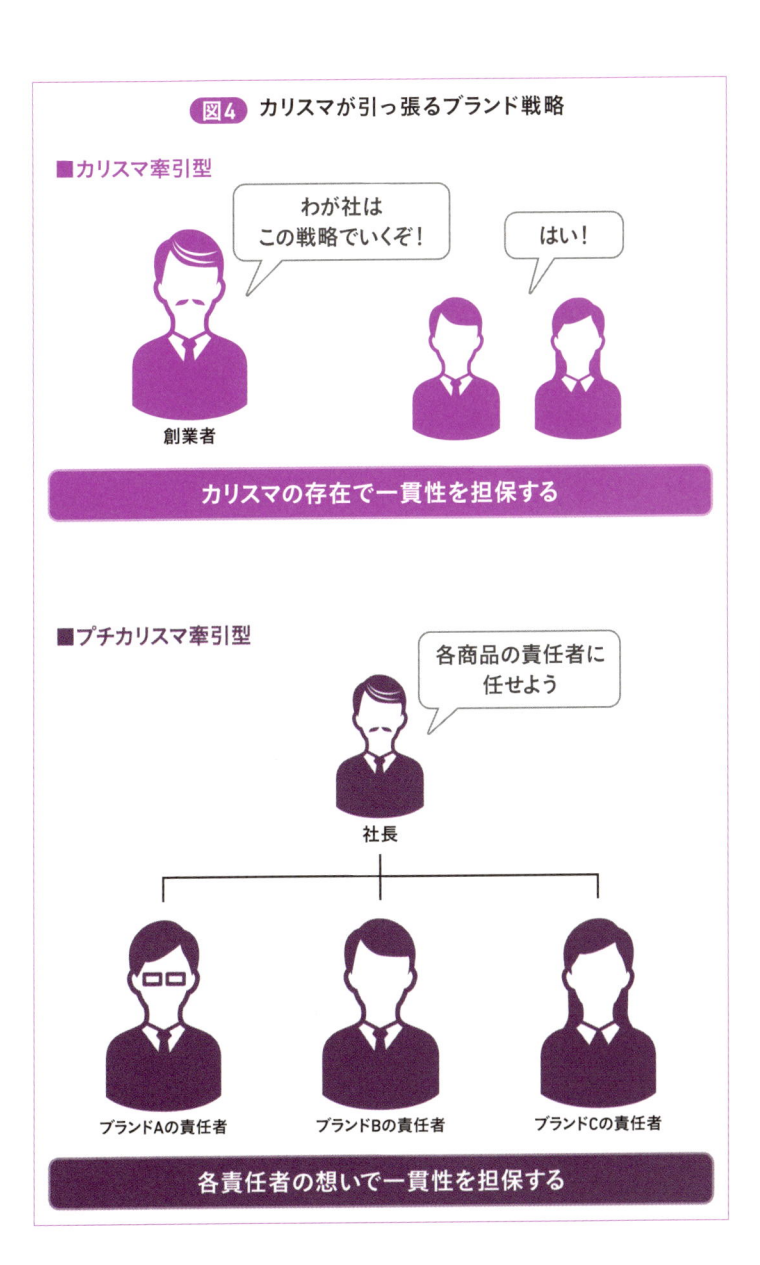

図4 カリスマが引っ張るブランド戦略

■カリスマ牽引型

わが社は
この戦略でいくぞ！

はい！

創業者

カリスマの存在で一貫性を担保する

■プチカリスマ牽引型

各商品の責任者に
任せよう

社長

ブランドAの責任者　　ブランドBの責任者　　ブランドCの責任者

各責任者の想いで一貫性を担保する

　日本企業が伝統的に強かった、職人芸的な技術のすり合わせは、製品の価値が半導体に集約されていく過程で、駆逐されてしまいました。半導体に限らず、多くの業界で日本企業の技術的優位性は喪失し、消費者の多くが圧倒的な体験の差と認めるものは少ないのが実情です。技術力の差に頼った一貫性はリスクが増えています。

⊙ ブランド戦略スキルを社内で共有して担保する

　3点目は戦略牽引型。ブランド戦略スキルを本書のような形式知として社内で鍛え上げ、共有することで一貫性を担保する型です。特に商品ブランド数が多い外資企業が得意としています。ブランド数が多ければ、ブランドを創ったりなくしたりという改廃も頻繁になり、実戦でブランド戦略を鍛えられる機会が増えます。日用品、飲料、ファッション、アパレルなどの業種によく見られるタイプです。

　これら3つの型はトレードオフの関係ではありません（図5）。たとえばソニーの創業者である盛田昭夫氏や、一時期デザイン室長も兼務していた大賀典雄氏がいた時代は、技術力があって、なおかつオーナーシップもありました。特に大賀氏は、「俺の目の黒いうちはS、O、N、Yの4文字がついて美しくない商品は世に出さない」といっていたという、真贋はわかりませんが伝説のような話もあります。当時のソニーらしいデザインの美意識は、大賀氏の審美眼によって一貫性が守られていたのかもしれません。

　しかし、ひとたびカリスマや技術力の高さによってブランドを築いた会社は、かつての成功体験に引っ張られて、「自分たちはブランド戦略がうまい」と誤解をしがちです。技術力が高いこと自体はいいのですが、「ブランド戦略において何より重要なのは技術力だ」と考えてしまうと、「知覚価値を決めて、それに沿って一貫性を守る」というブランド戦略の骨子を軽視してしまい、技術が価値として伝わらなくなることに留意しましょう。

図5 ブランドの一貫性を保つ3つの要素

	特 徴	該当企業
1 カリスマ 牽引型	●個人の暗黙知的な嗜好性で中央集権的に判断し、一貫性を担保 ●創業世代〜創業家の経営者に多い	●虎屋 ●商品・サービスレベルではリクルート、サントリー、サイバーエージェントなどはプチカリスマを育成
2 技術牽引型	●優位性ある技術がもたらすほかにはない顧客体験の品質で一貫性を担保 ●すり合わせが肝のメカトロニクス企業に多い	（20世紀の） ●ホンダ、キヤノン、ニコン、ソニーなど
3 戦略牽引型	●ブランド戦略スキルを形式知として社内で育成・共有し、一貫性を担保 ●外資かつ商品ブランド数が多く、ブランドの改廃が激しい業種に多い	●LVMH、ネスレ、コカ・コーラ、P&Gなど

1 〜 3はトレードオフの関係ではなく、重なり合って作用する

No. 04

[ブランドの一貫性を担保する方法]

日本企業のブランド戦略が行き詰まる理由

　今、日本の多くの企業では、前節で挙げた3つの型、いずれのガバナンスも有効に機能していない傾向があります。

　戦後に創業し、成長した企業は、1990年代終わり頃にカリスマ創業者の世代が引退しています。それとほぼ同じ時期に、技術の優位性も失われました。つまり、**カリスマ牽引型も、技術牽引型も成り立たなくなってしまったのです。** ですから、従来とは違う形、すなわち**戦略牽引型のガバナンスを構築する必要がある**のですが、ブランドを戦略としてガバナンスする方法論に気づいていなかったり、気づいていたとしても、組織が大きくなりすぎて組織問題の前に立ち往生していたりすることも多いです（図6）。

● 戦略を組み立てる重要性

　プロジェクトの推進体制と戦略の方向性を検討する際、その企業やブランドのガバナンスのあり方は大きく関わってきます。

　カリスマがいるなら話はシンプルで、おのずとその人を軸にいろいろと決まります。

　もし、技術で牽引できるほどの優位性や差異性があるとしたら、それを顧客にとって価値がより伝わりやすくなるように、ブランド戦略のスキルと組み合わせるべきでしょう。カリスマが不在で、ほかと差別化できる技術もない場合は、戦略牽引型に特化します。目を引くようなテクノロジーはなくても、ブランド知覚価値を上手に創出し、戦略牽引型によってマーケットシェアを取った実例はいくらでもあります。

いずれにせよ、何らかの形でガバナンスを効かせること、そのために
どの型がいいのかを判断して推進することが重要です。

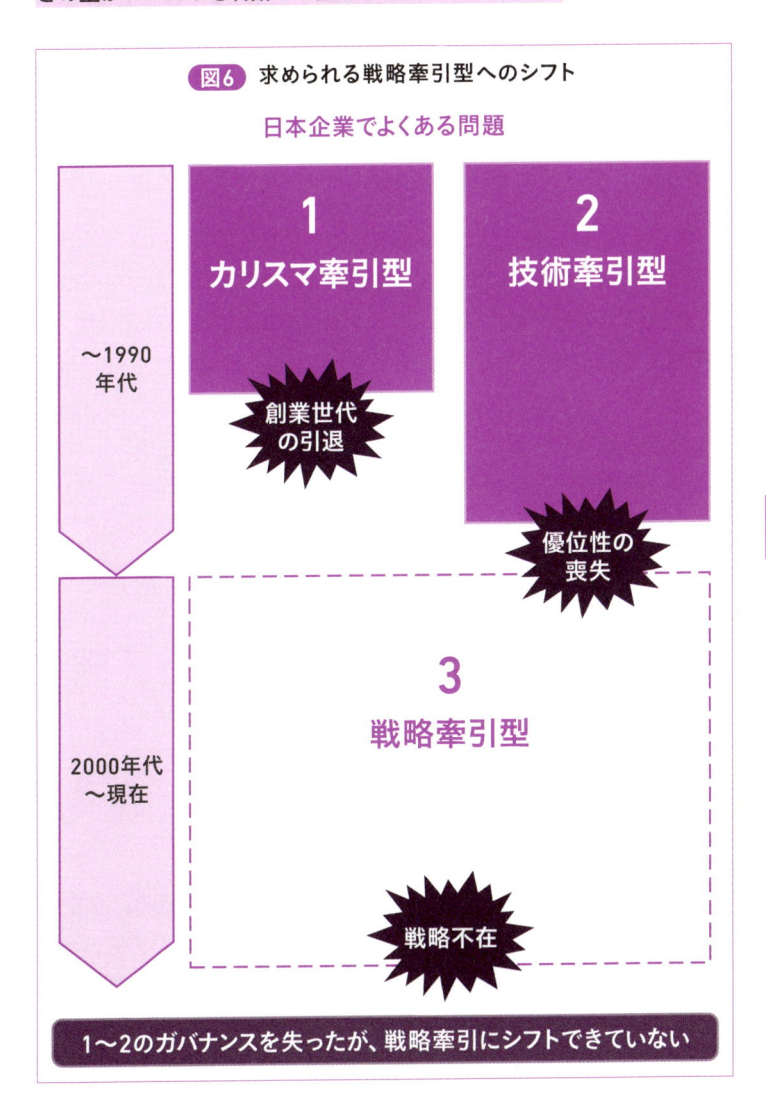

図6 求められる戦略牽引型へのシフト

日本企業でよくある問題

1
カリスマ牽引型

2
技術牽引型

～1990
年代

創業世代
の引退

優位性の
喪失

3
戦略牽引型

2000年代
～現在

戦略不在

1～2のガバナンスを失ったが、戦略牽引にシフトできていない

No.
05

［ブランドの一貫性を担保する方法］
カリスマ牽引型ブランドの出口戦略

◉ 強烈なオーナーの存在がブランドの一貫性を生み出す

　強いブランドを確立した企業を見ると、その期間は強烈なオーナー経営者が存在していたことが多々見受けられます（カリスマ牽引型）。オーナーもしくはそれに準ずるような中興の祖といえる経営者は、長期政権で経営に長く関わり、目的意識が明確で、企業理念も個人の信念と重なって揺るぎません。だから、目先の利益に惑わされない非凡な意思決定が実現されやすいのです。

　ファーストリテイリングの柳井正氏しかり、ソフトバンクの孫正義氏しかり、その長期的に一貫した姿勢が、ブランドの一貫性につながるだけでなく、社員の言動の隅々までDNAとなって浸透する力を生み出していることがうかがえます。ユニクロの「服は部品である」という思想は、柳井氏の合理性を表しています。ソフトバンクの愛嬌あるCMキャラクターたちは、孫氏の人格イメージと重なるものがあります。戦略を超えてDNAがにじみ出た例といえるでしょう。

◉ 創業家がいなくなってもブランドを守り育てる仕組みをつくる

　ブランドが崩れる危機のタイミングは、創業者や創業世代の引退です。それまで独断や好き嫌いで決まっていたことが、あとを引き継いだ世代では、急に合議制となり、良くも悪くも経済合理性や既存の成功事例の枠を超えない範囲で決まるようになり、ブランドの独自性が失われがちです（図7）。P&Gの元CMOジム・ステンゲル氏いわく、同社

では経営者の後継者選定の要件に、「ブランドのDNAを守り、育てる意欲と能力」があるそうです。つまり、ブランド戦略は、それくらい大切な経営マターであり、ブランドの継承と発展には形式知化した仕組みが必要になります。

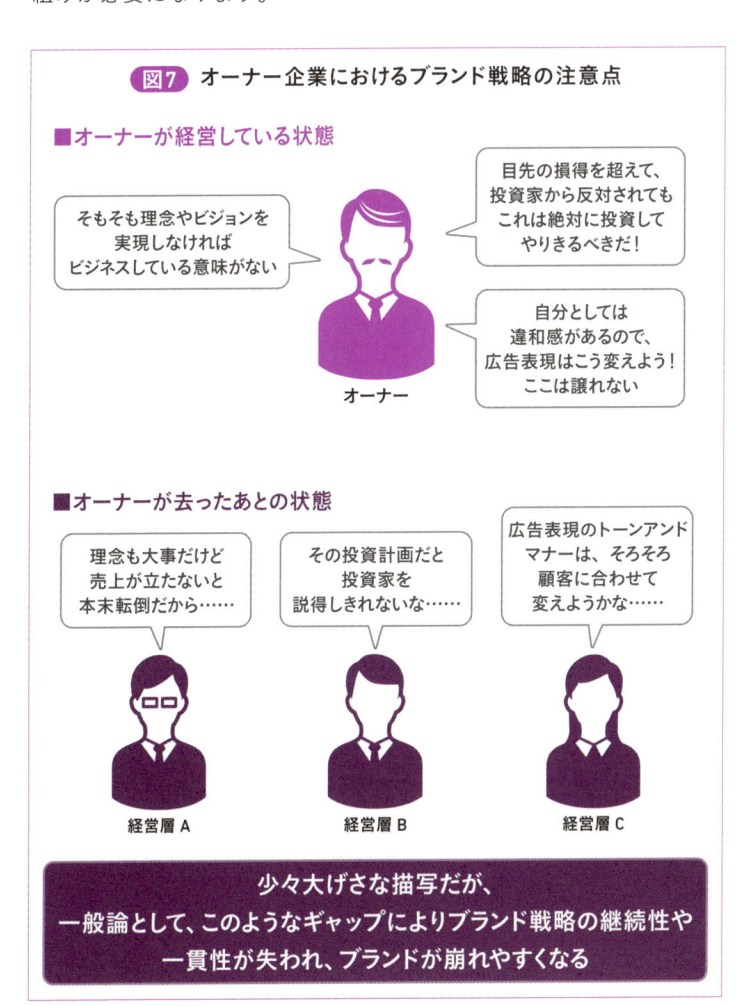

図7 オーナー企業におけるブランド戦略の注意点

■オーナーが経営している状態

そもそも理念やビジョンを実現しなければビジネスしている意味がない

目先の損得を超えて、投資家から反対されてもこれは絶対に投資してやりきるべきだ！

自分としては違和感があるので、広告表現はこう変えよう！ここは譲れない

オーナー

■オーナーが去ったあとの状態

理念も大事だけど売上が立たないと本末転倒だから……

その投資計画だと投資家を説得しきれないな……

広告表現のトーンアンドマナーは、そろそろ顧客に合わせて変えようかな……

経営層 A

経営層 B

経営層 C

少々大げさな描写だが、一般論として、このようなギャップによりブランド戦略の継続性や一貫性が失われ、ブランドが崩れやすくなる

No.
06

[施策に活かす顧客の分析]

ターゲットの設定

● ブランドターゲットの選び方

ブランドにおいては、**ブランドターゲット、つまり象徴的顧客がブランドに心理的な共感があって、長期的な関係性のファンになってくれるかどうかがポイントとなってきます。** ブランドに思想・情緒レベルでの共感があれば、一度購入したあとも、そうそう浮気はしないものです。関係の維持も難しくありません。

また、マーケットにおける影響力が大きい層をブランドターゲットに据えることができれば、なおいいでしょう。その人たちがユーザーであることがプラスになるような層、その人がブランドのファンであることで、ほかの人も買いたいと思うような層です。

● セールスターゲット設定時の注意点

セールスターゲットの場合は、売上のボリュームを効率的に獲得するためのターゲットとなるので、以下のことに注意するようにしましょう（図8）。

・ポテンシャルユーザーの数が多いか
獲得を目指す層の母数の多さは、重要な判断材料です。

・競合と競り合って負けないか
スマホメーカーであれば「このセグメントはアップル信者だからスイッチされないな」と判断したなら、違う顧客層を攻めるべきです。

・顧客獲得のコストは低いか

その顧客層にリーチし、スイッチさせるためのプロモーションや
セールスのコストが過大だと儲からないので、顧客獲得コストも推
察して、ターゲット選定の視点にしましょう。

図8 ターゲット顧客を選定・評価する際の視点

**ブランド
ターゲット
選定の観点**

**ブランドに共感し、
長期的関係のファンとなるか?**

● ブランドの思想・情緒レベルでの共感性
● 一度購入すると、スイッチしにくい
● 市場における影響力、評判の波及力の高さ
など

**セールス
ターゲット
選定の視点**

**売上ボリュームを
効率的に獲得できるか?**

● ポテンシャルのユーザー数は多いか?
● 競合と競り合って負けないか?
● 顧客獲得コストの低さ
など

4

No.
07

［施策に活かす顧客の分析］

インサイトを理解するための心構え

　ターゲットが決まれば、次は、ブランドターゲットのインサイトを掘っていくことになります。

　その人たちのデモグラフィック、いわゆる静的な属性だけではなくて、サイコグラフィック、ライフスタイル、関係する分野への意識（健康食品なら健康に対する意識）や考え方などを洗い出して、整理します。ここでは詳しく触れませんが、手法としては、定性調査を用いて、個人インタビューやグループインタビューによって掘り下げていくのが一般的です。

● 自分の生々しい欲望を直視する

　ここからはインサイトの見極め方を解説していきます。しかし、これは「目の前の人の本音を探る技術」と同義なので、方法論を知っても実際に効果を得るのはとても難しいことです。

　そこで、まずはインサイトに到達する際にぶつかる2つの壁を説明します。

　まずは自分で自分の本音を直視する気概や勇気を持っているか、という視点の壁です。私の身の回りにも他人のインサイトを敏感に感じとる達人はいます。彼らの共通項は、他人に対する洞察が鋭いだけでなく、自分の気持ちの揺れ動きに敏感で、言語化する能力が高いことが多いです。要は、自分の生々しい本音を自覚的に理解し、それを表現できるからこそ、他者の表層的な言動から本音を想像できる、ということです。

　人に知られたくない、低俗な一面は誰もが持ち合わせています。「意

識が高い」と思われるような行動を取る一方で、本音では異性にモテたい。そんな気持ちが混在した消費行動はたくさんあります。ですから、**自分の馬鹿馬鹿しい欲望や、不安、恐れを直視して気づけるかということが、実はテクニック以上に大事なことです。**インサイトを探るテクニックの解説本で方法論を学んでもインサイトをつかめない人は、自己の直視ができていません。

● インサイトを社内で共有できるか

もう1つの壁は、掘り出したインサイトについて社内で発表し、合意形成をするというもの。こちらも極めて高いハードルです。

企業というのは基本的に建前で構成されています。ところが、インサイトは、建前の裏側に共存する下世話な本音を伴います。それを狙い撃ちすることを組織内で合意形成する行為は、倫理的・常識的なお約束の多い組織とは本質的に相性が悪いのです。

本音では役員も「確かにそうなんだよな」と思っていても、「でも立場上、うんとはいいにくい」と考えてしまう。それが組織における壁です（図9）。

図9 インサイトを社内で共有するのは難しい

> 「女性にモテたい」という欲望を満たす商品です！

> そういう商品はわが社の品格を汚すぞ！

> 全部の男はそう考えてないよ！

> ‥‥‥

建前の強い雰囲気の会社では受け入れられにくい

◉ 成果を出すマーケッターに個性的な人が多い理由

　生々しいインサイトであればあるほど、社内で提案するのは難しいものです。ヒットを飛ばすマーケッターに、ちょっと個性的な人が多いのは、そのあたりも関係しているように感じます。普通の人が切り込むのをはばかるようなところに切り込むセンスを持っていたり、そこを直視して表現する勇気を持っていたりするということなのでしょう。

　インサイトを掘り出すには、いろいろなテクニックがあります。**筆者が一番大事だと思うことを1つだけ述べておくと、人は言動に矛盾がある、ということです。矛盾は、購買行動にも表れています。そして、その矛盾に気づくことがインサイトをあぶり出すきっかけになります。**

　私がインサイトの本質を伝えるとき、よくこんな問いかけをします。「好みの異性のタイプを教えてください」。それを聞いたあと、「過去に付き合った人はどんな人か教えてください」と質問します。すると、面白いことに、両者が完全に一致することはほとんどありません。基本的に、行動にこそ本音が隠れています。この場合は、過去に付き合ってきた人の共通性にこそ、その人の本質的な好みが隠れている、ということです。

　特に1つ目の質問への答えには、アイドルが口にする「優しい人が好きです」というような、周囲の目を意識した建前としての好みの表明が隠れていることがあるので、鵜呑みにしてはいけません。

　日頃から「自分の言動の理由を客観視して掘り下げる」という課題を実践することが、インサイトを掘り起こすための一番のトレーニングになります。「こう見られたくてこの洋服を買ったんだな」というように、自分自身の、ある種、いやらしい側面を掘っていく作業は、インサイトを探るのと同じ作業です。細かいテクニックを身につけるだけでは、インサイトには迫れないのです（図10）。

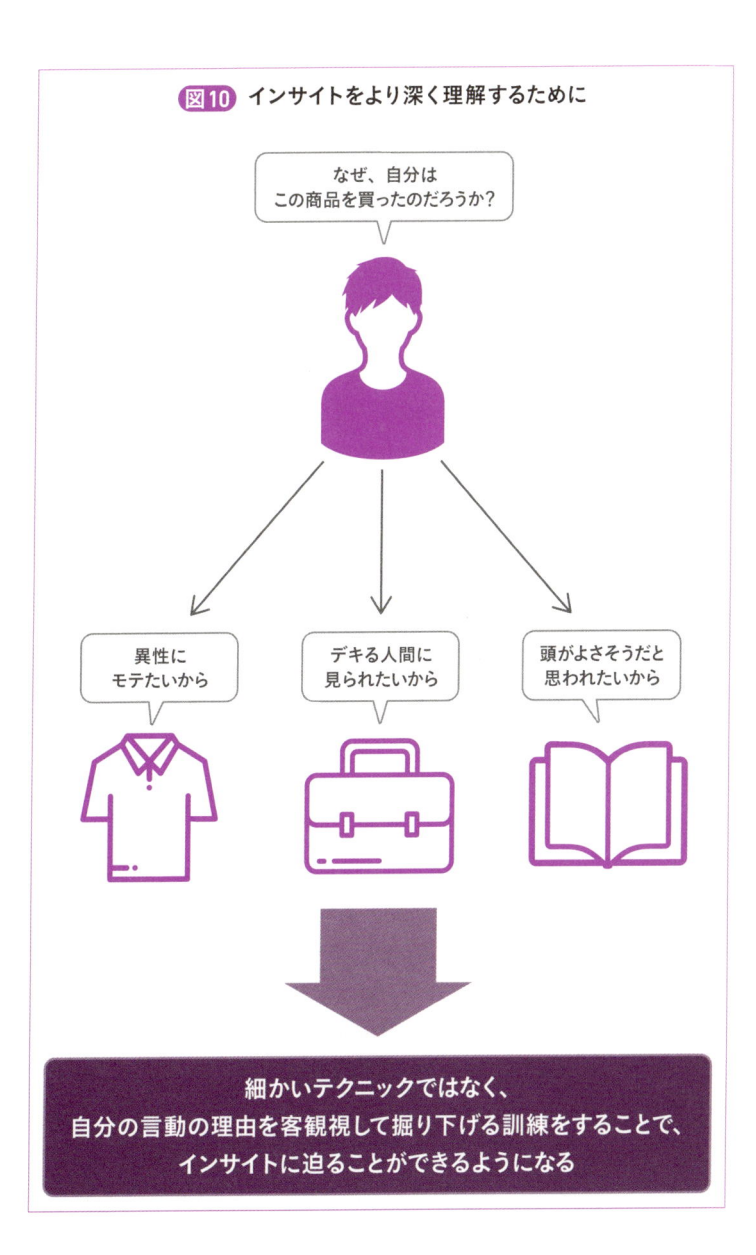

図10 インサイトをより深く理解するために

なぜ、自分は
この商品を買ったのだろうか？

異性に
モテたいから

デキる人間に
見られたいから

頭がよさそうだと
思われたいから

細かいテクニックではなく、
自分の言動の理由を客観視して掘り下げる訓練をすることで、
インサイトに迫ることができるようになる

No.
08

［カスタマージャーニーと各種施策］
顧客体験のデザイン
〜カスタマージャーニーマップをつくる〜

● 顧客体験を整理してカスタマージャーニーマップをつくる

顧客体験のデザインは3つのレイヤーに分けて整理しましょう。

第1は消費者側の行動プロセス。「試す・買う」「開封・設定する」「使用する」「共有する」「サポートを受ける」というように分類します。この分類は、業態ごとに異なるので、自社業態に適したものにしましょう。

そして第2に、プロセスごとにインサイトを掘っていきます。そこには期待や希望、不安や不満など、様々なタイプがあります。それらの期待に応えるもの、不安を解決するものは何だろうかと、ステップごとに理想の体験施策のアイデアを洗い出してきます。

当然、理想の体験をすべて実現できるわけではありません。リソースは無限ではないし、法的に無理なこともあれば倫理的にダメなものまでいろいろありますから、取捨選択が必要です。

それらの施策を整理していくと、自社だけでできることもあれば、協働パートナーを見つける必要があるものも出てくるでしょう。あるいはいきなり全部は実現できないが、3年後までにはやれそうだ、という話になるかもしれませんが、いずれにしても目標が立てられます。これが第3のレイヤーで、**顧客体験を整理することで、いわゆるカスタマージャーニーマップができあがるのです**（図11）。

このやり方には、いくつかの効用があります。1つは、お客さんの行動を点ではなく、線や面で捉えることで、モノ由来の発想から自由になれることです。モノ自体で差別化できなくとも、いくつもある顧

客体験のプロセスをそれぞれ差別化できないか検討することで、価値を高めるポイントを見つけたり、価値として一貫性を持たせて印象に残すべきポイントが見えてきたりします。

図11 カスタマージャーニーマップの例（ランニング）

1 購買行動プロセス	2 顧客インサイト	3 体験施策アイデア
試す・買う	●気軽に試したい、サイズが不安 ●数多くの選択肢から選びたい ●コーディネートの助言がほしい ●トラブルを保証でカバーしたい	●気軽に大量に試せるコーディネート＆アドバイス ●直営店限定の保証制度
開封・設定する	●開封の儀式を楽しみたい ●自分に最適なフィッティングとセッティングを簡単にしたい	●驚きのあるパッケージ ●簡単なセッティングを実現するUI ●前モデルからの設定引き継ぎ
使用する（走る）	●無理なく気持ちよく走りたい ●運動のときもおしゃれしたい ●運動の成果を簡単に記録したい ●運動の達成感を得たい	●走るペースのアドバイス機能 ●オリジナルウェアづくり ●運動を自動記録・分析する仕組み ●成果に応じて褒められる仕組み
共有する	●走った成果を自慢したい ●走るのを仲間に応援してほしい ●一緒に走る仲間を見つけたい	●ランの記録を自動でシェアし、応援が受けられる仕組み ●ランのパートナーやグループのコーディネート支援
サポートを受ける	●壊れたらいち早く修理したい ●走りのレベルを上げたい ●コンディション維持のコツを知りたい	●直営店でなくても即日修理・交換できる協力店体制づくり ●ランニングやストレッチのアドバイスをWeb＆アプリによりサポート

No.
09

［カスタマージャーニーと各種施策］

カスタマージャーニー
マップを共通言語にする

● 手持ちの情報を洗い出す

　カスタマージャーニーマップを作成するもう1つの大きな利点は、お客さんに対する理解が社内で深まり、共有されること。検討チームには部門横断的にいろいろな人が集まっていますから、各部門の人が持っている情報を全部洗い出すだけで、ものすごい情報量になります。その中には、これまで埋もれていたものや、その部署の人ならみんなが知っているけど、ほかの部署では誰も知らなかったものも含まれます。結果としてお客さんの期待、不安、不満の全部が共有され、社内で顧客理解が進みます（図12）。

● チーム内の共通言語

　その過程で、チーム内で共通理解が生まれるために、誰かが「こういう施策を試したい」といえば、「ああ、あのとき話した、あの課題を解決するためのものだな」と施策の背景理解がスムーズになります。

　さらに、もう1つ。真剣に顧客体験を考えると、自社のチャンスだけではなく、リスクもはっきりと見えるようになります。「ここのプロセスから、こういう顧客体験を実現するプレーヤーが入ってきたら、ひっくり返されるよね」。そんなリスクは常日頃、企業の視点でものを考えている限りはなかなか見つけられません。写真を楽しむ行為を分解して考えたら、Instagramのようなスマホで気軽に写真を撮り、加工し、シェアできるサービスが出てくることは、偶然ではなく必然と捉えられるでしょう。**顧客体験視点から自社の機会と脅威を俯瞰**

して理解しておくことは、商品・サービスの視野を拡げるうえで極めて重要です。

図12　顧客体験マップに施策を加える

購買行動プロセス	顧客インサイト	自社施策	協働パートナー施策
試す・買う	●数多くの選択肢から選びたい ●フィッティングの助言がほしい	●シューズとウェアのデザインをカスタマイズしてオーダーできる直営店とWebサイト	自社認定アドバイザーによる…… ●シューズフィッティング支援サービスを協力店で展開
開封・設定する	●開封の儀式を楽しみたい ●連携ツールの設定を簡単にしたい	●高品質で洗練されたパッケージ ●直営店で購入すれば設定済みの連携ツールが手元に届く	●店頭でのアプリ設定サービス
使用する（走る）	●運動の成果を記録したい ●無理なく気持ちよく走り、運動の達成感を得たい ●気軽に健康と肌のコンディションを管理したい	自社製アプリと腕時計による…… ●ベース配分と運動記録分析に基づくアドバイス機能 ●運動成果をネットで友人にシェアして応援を受ける機能	**3年後より外部開放を想定** 自社協働パートナーにより自社アプリと連携可能な…… ●血圧測定機能つき腕時計 ●肌検視機能つきブレスレット ●写真で食べ物カロリー推計アプリ ●ヘルシーメニュー店マップアプリ
共有する	●走った成果を自慢したい ●走るのを仲間に応援してほしい ●一緒に走る仲間を見つけたい	自社製アプリと腕時計による…… ●ランの記録を自動でシェアし、応援が受けられる仕組み ●ランのパートナー、グループのコーディネート支援	認定協働パートナー店による…… ●ランニング仲間の形成を支援するリアルなイベント&コミュニティ運営
サポートを受ける	●壊れたらいち早く修理したい ●走りのレベルを上げたい ●身体コンディション維持のコツを知りたい	自社Web&アプリによる…… ●ラン&ストレッチのアドバイス機能	認定協働パートナー店による…… ●即日修理・交換体制の整備 ●契約トレーナーとの対面によるランニング&ストレッチのアドバイスサービス

No.
10

［評価の手法］

ブランド体験を評価する
フレームワーク

　顧客体験マップを使って洗い出した施策アイデアは、価値のコンセプトとして抽象化し、評価します。

　この評価における重要な軸は「受容性」と「差異性」の2つになります。受容性は支持の広さ、差異性は他との違いの度合いを意味します（図13）。両方低かったら、支持も狭いうえにありきたりで、どうにもなりません。支持率は低くても、差異性が高いならば、ニッチな層を獲得できる可能性があります。もちろん受容性と差異性を兼ね備えた"スター"が理想的ですが、最初からスターと評価されて、かつ実現可能なアイデアや価値が見つかることは少ないでしょう。そこで、せめて受容性は高く、差異性が低い優等生的な価値を中心に据える施策を考える企業が多いのですが、それが判断ミスの根源です。

　優等生的な価値で多くの顧客に選ばれるには、前提となる条件があります。それは、ブランド力、価格、販売チャネルなど、少なくともそのいずれかにおいて、圧倒的優位であること。端的にいえば、ブランド力や販売網で王者の立場か、業界最安値レベルでなければ、優等生的な価値では選ばれません。

　王者でなければ、差異性を意識して、どうやって新しい切り口で切り込むかを考えましょう。つまり、ニッチ層に支持を得ることが第一段階です。

● 市場での価値は流動的に動き続ける

　「ニッチなところからビジネスを拡大できるのか」と疑問に思う人もいるかもしれませんが、これらのポジションは時間の経過と共に移り変わ

ることがある、というのがポイントです。

あのiPhoneですら、最初に世に出たときはスター評価ではなく、IT好きやアップルファンだけから支持されるニッチ商品でした。その差異性がいかに素晴らしいものかをマーケットに啓蒙し続け、魅力を感じる人が増えてスターになりました。

スター評価される頃には、競合がどんどん真似するようになります。すると、差異性は失われていき、立ち位置は優等生に変化します。このように、価値のポジションは相対的な関係の中で常に揺れ動くものです。ですから、ブランド体験を検討する際に見出した施策や価値は、自社の立ち位置や、受容性・差異性の変動、そしてコストを含めた実現性も考慮したうえで、適切に取捨選択していかなければいけません。

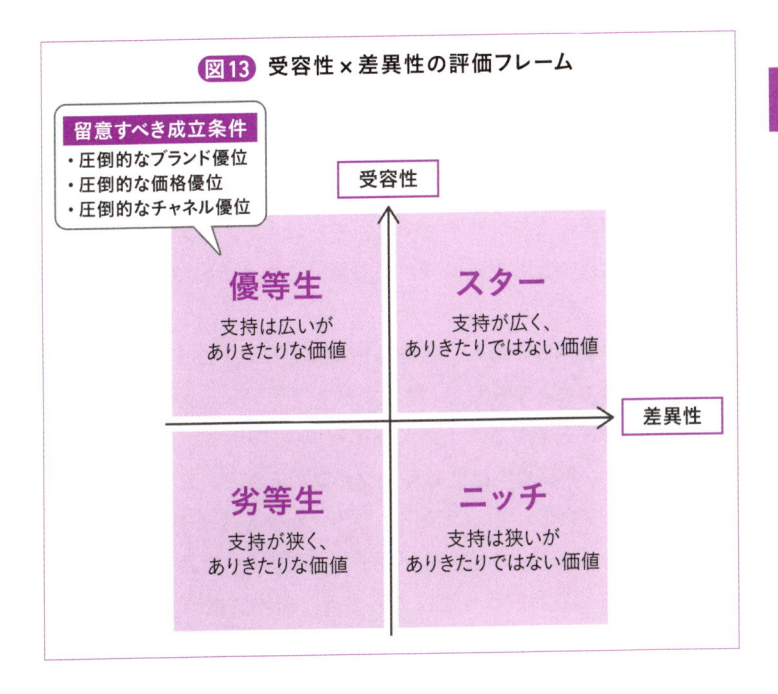

図13 受容性×差異性の評価フレーム

留意すべき成立条件
・圧倒的なブランド優位
・圧倒的な価格優位
・圧倒的なチャネル優位

受容性

優等生
支持は広いが
ありきたりな価値

スター
支持が広く、
ありきたりではない価値

差異性

劣等生
支持が狭く、
ありきたりな価値

ニッチ
支持は狭いが
ありきたりではない価値

No.
11

［評価の手法］
競合ブランドを立案して みよう

● 魅力度と差異性のフレームワークに当てはめる

　前節で紹介したブランド価値の評価フレームワークを用いた場合、実際どのような評価と施策に落とし込めるかを見てみましょう。

　たとえば、消臭剤・芳香剤「ファブリーズ」の競合ブランドを創るとします。そこで、次のような意見が出たとしましょう。「ナノテクで浸透率をアップさせ、除菌の力もアップさせよう」「除菌スプレーはケミカルなイメージだけど、天然素材であれば小さい子どものいる家族も安心できるのでは」「朝になってから振りかけてもすぐに乾く朝イチ速乾というのはどうか」。では、**それぞれのコンセプト案を魅力度・差異性によって評価し、プロットしてみます**（図14）。

　「朝イチ速乾」は魅力度も差異性も高く、40代女性、特に小さい子どもがいる家庭で支持されそうです。さらに「ナノテク」は「速乾性」とも「天然素材」とも相乗効果がある要素に見えるので、それぞれを組み合わせることにしました。

　方向性が決まれば、あとは各種施策に落とし込むことになります。ブランド全体のゴールとして、獲得すべきブランド知覚価値は「朝イチでにおいを除去できる、ナノドライ消臭スプレー」。売上目標は初年度10億円、2年目以降は詰め替えタイプの発売と、天然素材タイプをラインアップに追加し、40億円。この大目標を達成するため、パッケージはナノテク感と速乾性をデザインで表現し、店頭ではサンプルで効用を実感してもらうとよいでしょう。店内に掲示するポスターは、朝出かける前の使用シーンです。**このように具体的に施策を考え**

たうえで、細かく要件をToDoに分解し、それぞれ誰が担当するのか、日程を切って動かしていきます（図15）。

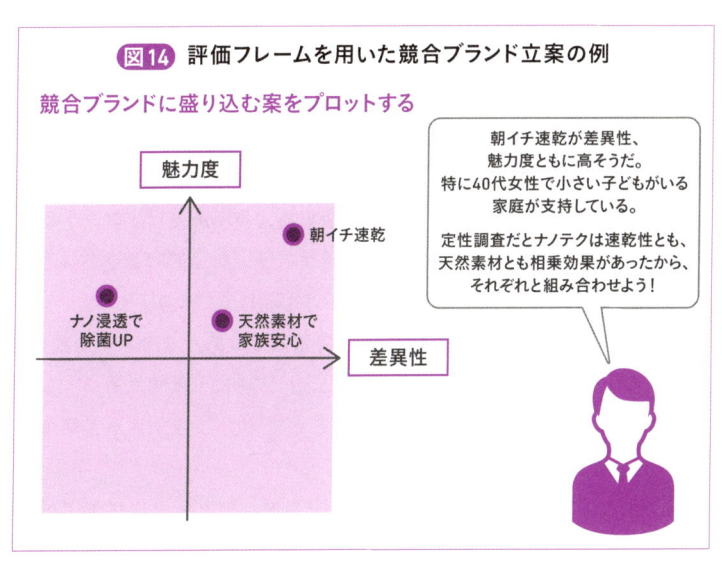

図14 評価フレームを用いた競合ブランド立案の例

競合ブランドに盛り込む案をプロットする

魅力度

● 朝イチ速乾

● ナノ浸透で
除菌UP

● 天然素材で
家族安心

差異性

> 朝イチ速乾が差異性、
> 魅力度ともに高そうだ。
> 特に40代女性で小さい子どもがいる
> 家庭が支持している。
>
> 定性調査だとナノテクは速乾性とも、
> 天然素材とも相乗効果があったから、
> それぞれと組み合わせよう！

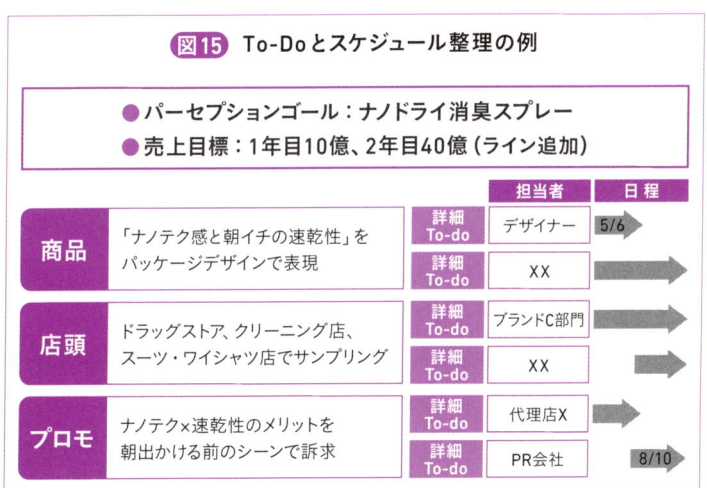

図15 To-Doとスケジュール整理の例

● パーセプションゴール：ナノドライ消臭スプレー
● 売上目標：1年目10億、2年目40億（ライン追加）

			担当者	日程
商品	「ナノテク感と朝イチの速乾性」を パッケージデザインで表現	詳細 To-do	デザイナー	5/6
		詳細 To-do	XX	
店頭	ドラッグストア、クリーニング店、 スーツ・ワイシャツ店でサンプリング	詳細 To-do	ブランドC部門	
		詳細 To-do	XX	
プロモ	ナノテク×速乾性のメリットを 朝出かける前のシーンで訴求	詳細 To-do	代理店X	
		詳細 To-do	PR会社	8/10

No.

12

［顧客に働きかける施策］

コミュニケーション施策の開発基準

● 施策検討に必要な3つの情報

　顧客に対するコミュニケーション施策を考えるにあたり、ターゲットやインサイトを含んだブランド知覚価値が明確になっていることは最低限の情報として必要ですが、それだけでは不足しています。

　ブランド知覚価値に加えて必要な情報は3つあります。1つ目は、ターゲットのメディア接触です。これは、テレビ・新聞・ネットなどの接触の有無や、接触の時間帯などのことです。このメディア接触に基づいて活用すべきメディアを精査します。

　2つ目は、コミュニケーションの目的です。たとえば、前節の「朝イチ速乾の消臭スプレー」の場合なら、ブランドの認知・想起を高めるものなのか、直販のECサイトに引き込むものなのか、といった引き出したい顧客行動の狙いによって施策もつくり方が変わります。また、コミュニケーションのターゲットも、現在消臭スプレーを使っていない人に価値を伝え、消臭スプレーのエントリーを狙うものなのか、すでに利用している人に対してファブリーズとの違いを訴求して、ユーザー奪取を意図しているものなのか……。この「誰」の「どんな行動」を引き出したいのか、という目的変数次第で施策の中身は変わります。

　3つ目は、無関心だった潜在顧客が、ブランドに対してポジティブな興味を持つきっかけとなる要素を特定して伝えることです。たとえば、速乾の価値が伝わって態度変容するには「3分で乾く！」というデータ提示が有効なのか、スプレーでにおいのもとになる菌が消滅す

る姿をCGで見せるのが有効なのか、スプレーして歯を磨き終わったらもう乾いている！と情緒的な驚き表現が有効なのか……。これらのどのアプローチが有効なのかを事前に把握しておくと、コミュニケーション施策のクリエイティブ開発における打率が大きく高まります（図16）。

　ちなみに筆者が経験した、「エンジンの汚れを洗浄する成分入りのハイオクガソリン」のコミュニケーション戦略策定における調査では、論理やデータで消費者に見せてもさっぱりピンと来ませんでした。しかし、汚かったバルブ商品がガソリンの洗浄効果でピカピカになった写真をビフォーアフターで提示したところ、多くの消費者が関心を示し、効率的な態度変容につながることが判明しました。そこからエンジンの吸気バルブ写真がキービジュアルとなったクリエイティブ開発につながり、実際によい成果につながったのです。

図16 コミュニケーション施策の開発に必要な情報

ブランド知覚価値	ターゲットのメディア接触状況
	コミュニケーション施策の目的（誰の？どのような行動を引き出すのか？）
	態度変容のキー要素（どの要素を、どう伝えるのが関心を引き出すか？）

No.

13

〔顧客に働きかける施策〕

広告代理店に依頼をする際の注意点

● 必要なのは戦略と戦術の役割分担

製品のプロモーションを行う際、広告代理店とも付き合う必要があります。しかし、日本企業は広告代理店の使い方があまり上手でないことが多いです。

戦略は発注側が考えて、広告代理店に施策を実現させるための戦術を提案してもらうというのが、本来あるべき役割分担です（図17）。しかし、企業側に戦略がないままに、丸ごと広告代理店に投げてしまう例も多いのが現実です。

社内の広告宣伝部門も、その商品のブランド知覚価値をはっきり認識していないし、合意形成が取れていない。その段階で広告代理店が加わり、むしろ広告代理店が「ターゲットはこういう層で、こういう訴求をしたらいいですか？」と類推して提案をする。そんな場当たり的なやり方ではブランド戦略の一貫性は生まれません。

広告代理店の営業サイドとしては、発注側企業のリテラシーが低いほうが丸め込みやすい面もありますが、クリエイティブサイドとしては企業側が明確な戦略と施策評価の物差しを持つことは、制約であると同時に企画の立てやすさにもつながり、歓迎されるケースもあります。

● アイデアの面白さに引きずられない

事前に検討していたブランド戦略と、最終的なプロモーション施策案がかけ離れてしまった、という事態も、広告代理店と付き合い慣れ

ていないときには起こりやすいです。

広告代理店が提示した「クリエイティブのアイデア」自体は面白くても、戦略とは合致しないということはよくあります。クリエイティブのアイデアだけが面白くても、ブランドの知覚価値は消費者に伝わりません。面白かったり、何らかの印象を残したりした結果として、製品の価値が植えつけられ、想起されて選ばれる構造を目指すべきです。

図17　自社と広告代理店との役割分担

自社が明確にして提示すべき戦略	広告代理店に提案・実行を求める戦術
ブランド戦略 ・ターゲット顧客の定義とプロファイル ・顧客インサイト（本音） ・ブランド知覚価値と差別化ポイント	**コミュニケーション施策プラン** ・クリエイティブの企画アイデア ・メディア・プラン ・予算とスケジュールの実行計画
コミュニケーション戦略 ・コミュニケーション施策の目的 ・顧客の態度変容プロセスと主要な接点 ・態度変容の鍵となるトリガーメッセージ ・ターゲット特性に基づくクリエイティブ開発基準 ・ターゲットのメディア接触特性	

　CMにしろ、YouTubeにアップする動画にしろ、ウェブサイトにしろ、発注したとき「何か違うな」と感じたら、しっかり意志表明しなければいけません。「何か違う」という違和感だけでなく、どう修正するのかという考えは、企業側がぶれない方針として持たないといけません。そのようなやりとりのロスをなくすためにも、**事前に企業から広告代理店にインプットする戦略内容のオリエンテーションが非常に大切です。**

　広告だけでなく、パッケージデザインも何を表現したいのかによって成果物が変わります。たとえば、シャンプーや健康食品でも、「ケミカルな効果がありそう」と思わせたい製品もあれば、天然の成分だけを使っているから優しい感じにしたいというときもあるはず。同じ製品でも、それらの方針によってデザイン表現はまったく異なります。丸投げになってしまっては、意思疎通もうまくいかず、成果物も納得できるものはできあがらず、ブランド戦略がうまく機能しないという結果に終わってしまう危険性が大きいのです。

　これは何も外注するときだけの話ではありません。社内でも、意思が統一されていなければ、それぞれの勝手な戦略解釈に基づいて、バラバラの施策がたくさん出てくるだけになってしまいます。

CHAPTER

5

ブランド戦略の定着と
組織的学習

No.
01

［ブランド戦略のPDCA］
戦略は中期的に固定する

● 一度の失敗で方針を安易に変更しない

　ブランド戦略を策定し、マーケティング4P施策に落とし込んで実行に移したが、施策の成果が上がってこない。そんなとき、「やっぱりブランド戦略が悪かったのでは？」という声が上がることもあります。しかし、成果が出ない要因として、施策の出来が悪かったせいなのか、戦略の筋が悪かったせいなのかは、きちんと切り分けて議論するのが重要です。**一度の施策の失敗をもって、戦略の転換はやるべきではありません。**

● ブランド戦略はぶれない軸とすべし

　ブランド戦略が根付かない企業にありがちなのは、施策の完成度の低さが失敗要因なのに、戦略に遡ってターゲットを変える、知覚価値を変えるということを、延々と繰り返してしまうことです。消費者から見れば、「あの会社は、いつも方向転換ばかりで迷走してるな」と映ってしまいます。

　それを避けるためにも、**事業戦略・経営戦略、ブランド戦略、マーケティングの4P施策の関係を整理し、経営におけるブランド戦略の位置づけをはっきりさせておきましょう**（図1）。

　事業戦略・経営戦略とは、「人・モノ・金」のリソース配分をどうするかというもの。マーケティングの4P施策は商品企画・デザイン・広告・価格・チャネルなどの顧客体験を担う個別の施策です。ブランド戦略は、事業戦略とマーケティング施策を整合させて、リソースを

成果に効率的に転化するための軸であり、同時にブランド体験の一貫性を生み出すために4P施策を整合させる軸にもなるもの、という位置づけです。

「世の中の動きが速くなった」とはいいますが、事業戦略やブランド戦略については少なくとも3年程度は中期的に固定して、ぶれない軸とすべきです。

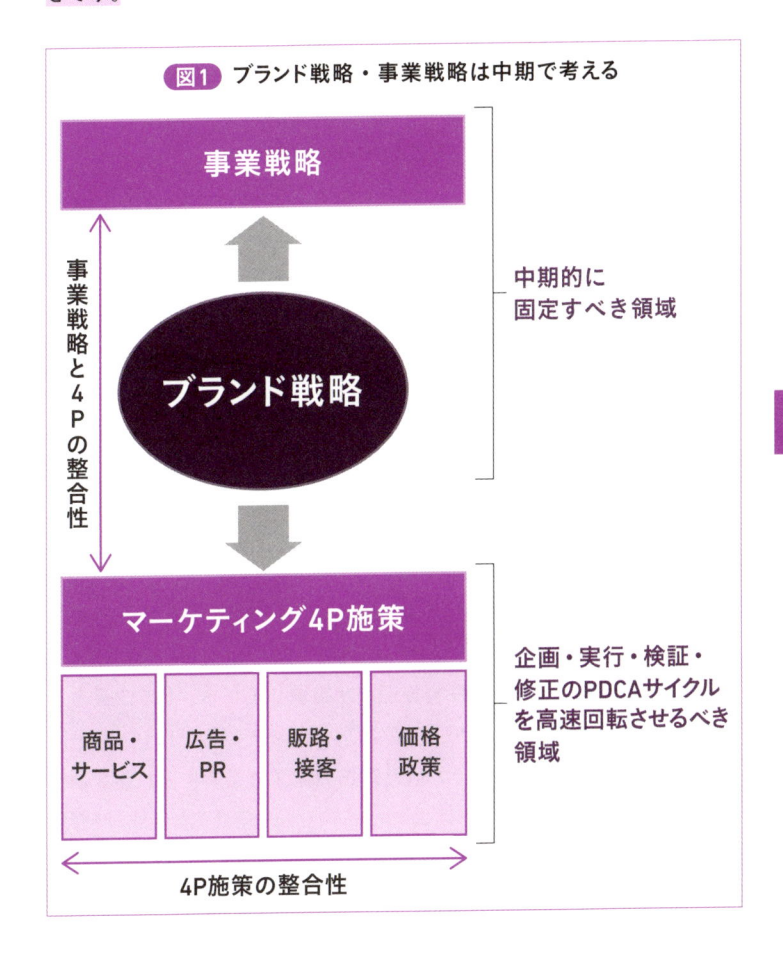

図1 ブランド戦略・事業戦略は中期で考える

事業戦略

事業戦略と4Pの整合性

ブランド戦略

中期的に固定すべき領域

マーケティング4P施策

商品・サービス｜広告・PR｜販路・接客｜価格政策

企画・実行・検証・修正のPDCAサイクルを高速回転させるべき領域

4P施策の整合性

No.
02

［ブランド戦略のPDCA］
施策のPDCAは
高速で回転させる

● 関係者全員で合意をつくりあげよう

　ブランド戦略は、関係者全員で「これが最善の戦略である」という合意を形成しておかないといけません。4P施策の成果が出ないとき、合意形成がゆるいと部門間で罪のなすりつけ合いがはじまります。実際には広告のつくり方が悪かっただけなのに、「そもそもターゲットを誤ったのでは？」とか、「そもそも知覚価値が悪かったんじゃないの？」、果ては「そもそもブランド戦略は必要？」なんて声も……。ブランド戦略の方向性に企業が自信を失ってしまえば、待っているのは空中分解です。

● PDCAを速く回して成功にたどりつく

　4P施策は、どうしても一定の確率で失敗してしまうものです。ですから、施策の部分に関しては、企画・実行・検証・修正のPDCAのサイクルを高速で回転させるべきなのです。たとえ施策で失敗したとしても、ブランド戦略で定めた方向軸の中で迅速に施策を軌道修正するのが大切です。

　ネットベンチャーで急成長する企業が出現してから、その成長の速さに注目が集まっていますが、その源泉となっているのはPDCAを回す速さです。それはマス広告の軌道修正の速さに顕著に表れます。テレビCMからサービス登録へのコンバージョン（転換率）が悪ければ、すぐにクリエイティブを差し替え、まるでネット上のランディングページや広告施策のようにABテストを繰り返し、施策のパフォーマ

ンスを上げていきます。ネットベンチャーではない企業も同じことはできるはずですが、PDCAを高速で回す習慣がない企業は多いのが現実です。その速度の違いが、施策の軌道修正で勝ち筋をつかみ、事業成長を早く軌道に乗せる力の差となって表れます（図2）。

図2 失敗を恐れずにどんどん施策を見直そう

テレビCMの
コンバージョンが悪いな。
すぐに問題を見極めて、
差し替えよう

テレビCMのリニューアル

よし、テレビCMから
サービス登録する人が
大幅に増えた！

4P施策でPDCAを
高速回転させることで
施策の勝ち筋を見出す

No.

03

［ブランド戦略のPDCA］

PDCAサイクルにおける
3つの観点

● 評価する際の大事なポイント

　PDCAサイクルは「ブランド購買プロセス」「ブランド知覚」「ブランド接点」という3つの観点で実施します。購買プロセスのボトルネック、ブランド知覚価値の浸透度、ブランド体験の接点となる商品・サービスの評価、広告の評価、販売店、接客、ウェブサイト評価といったことを調査実施などによって定量的に把握します（図3。定性調査も適時、補完的に実施します）。

　チェックすべき項目はいくつもありますが、大事なポイントを挙げるとすれば、どういう知覚価値が認識されたときにコンバージョンが上がるのか、です。「買った人と買わなかった人の間でどういう知覚価値の差があったのか」というように消費者の認識を分解していくと、パフォーマンスを上げるヒントが見つかります。その結果を知覚価値と施策の内容にフィードバックすることで、数値改善を目指していきます。

● 費用対効果を見極めよう

　PDCAサイクルを回転させ、その結果が蓄積されていくと、「ブランド購買プロセス」「ブランド知覚」「ブランド接点」の相互の影響関係を検証・シミュレーションできます。たとえば、ブランドイメージの調査結果として、「優しい」というイメージが3ポイント上がったことがわかったとします。しかし、その結果がどう売上に結びつくのかが見えなければ、「だから何なの？」といわれるのがオチです。

「自分から口コミを発生させてくれる人は、うちのブランドの、この部分を高く評価している」ということがわかれば、口コミを増やすために、どの施策をどのように強化すればよいかもわかります。

このような要素を定量的に把握し、売上に転化するプロセスを見通すことにより、ブランド戦略への投資が利益をもたらすことが見えてきます。その投資と成果の関係を見える化することで、ブランド戦略を推進する持続力ともいえるものが組織に生まれます。

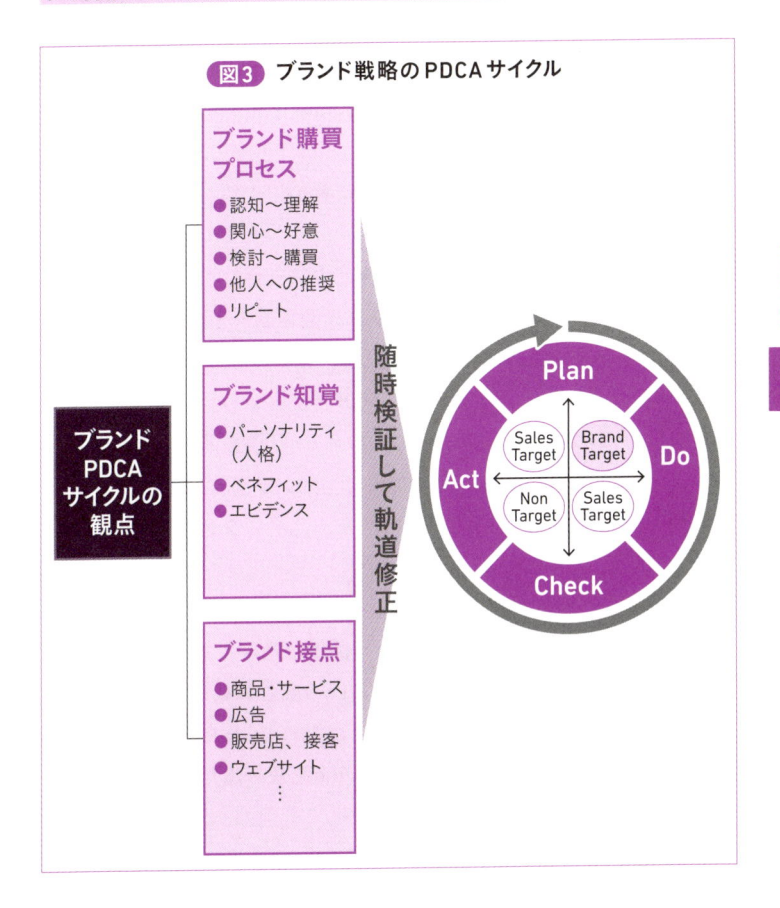

図3 ブランド戦略のPDCAサイクル

No.
04

［検証と改善の要諦］
ブランド戦略の検証結果を次の施策につなげる

● 「検証結果」＝「ゴール」ではない

　PDCAという言葉がかなり普及していますが、施策の検証結果を生かしきれていない企業は多いものです。「調査会社で調査しました」とか、「アクセスログを分析した」と報告資料が出ても、数字だけ聞いて「ふーん」という感じで終わりがち。どれほど凝った分析をしても、今後の意思決定に使えなければ、無駄な費用と工数をかけてしまったことになります。

　これは、事業への理解度が低い調査部や調査会社からの報告で起こりがちですが、**検証結果を報告する場は、「検証結果を知る」ためではなくて、「課題を共有化して改善策を決める」ためにあるべきです。**

　PDCAをしっかりと回す企業は、関係者が集められ、出てきた結果について、「この数字が意味することは何か」「優先順位の高い課題は何か」「数字の背景にある課題の本質は何か」を議論します。そして、解決策を考え、実行計画を立て、部門と人にタスクを割り振るところまでやりきるのです。

　この過程は、社内の視界を共有するためにも有用です。「うちのブランドの優先度の高い課題は」という認識が社内で揃えば、リソースの無駄遣いは避けられます。「今、いろいろ細かい課題はあるけど、売上を伸ばすための最大の課題は、ここだよね」。そんなボウリングの一番ピンとなる共通認識をつくり、改善策を決めるために検証結果を活用することが重要です。

● 勘のよさは情報の統合と検証によって磨かれる

社員それぞれが抱いている感覚や仮説と、実態の間にはどうしてもずれがあります。その原因の1つは各人が持っている情報の量と種類が異なることです。営業担当者はチャネルの情報を持ち、顧客と直接触れる社員は顧客の実態がよくわかっています。このように、社内で意見が異なる状況を紐解くと、単に持っている情報が違うせいだったというのはよくある話です。

検証プロセスは、各人が持つ情報や仮説をすべて出しきり、検証結果からフィードバックを受けて、それぞれの情報が統合され、仮説も軌道修正される機会となります（図4）。この繰り返しが、各人の市場への理解度や、仮説の勘のよさを磨くことになります。**組織としてこれを愚直に繰り返すことこそ、マーケティング力を高める王道です。**

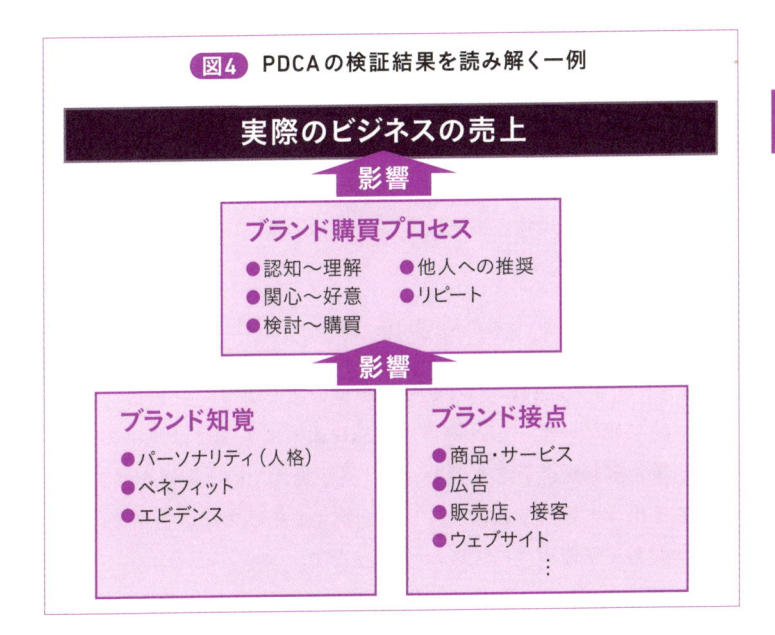

図4 PDCAの検証結果を読み解く一例

実際のビジネスの売上

影響

ブランド購買プロセス
- ●認知〜理解　　●他人への推奨
- ●関心〜好意　　●リピート
- ●検討〜購買

影響

ブランド知覚
- ●パーソナリティ（人格）
- ●ベネフィット
- ●エビデンス

ブランド接点
- ●商品・サービス
- ●広告
- ●販売店、接客
- ●ウェブサイト
　　　　　⋮

No.
05

［検証と改善の要諦］
数値検証を続けることの メリット

◉ 検証結果からわかるのは正解ではなく課題

数値検証の重要性について話をすると「お客さんのいう通りにやればうまくいくというわけじゃない」「数字だけ見ても何にもならない」と指摘されることがあります。これは調査結果がそのまま改善策の中身を決めるという誤解です。調査や検証結果が教えてくれるのは、正しい解決策ではなく、顧客から見た問題や、ボトルネックの課題にすぎません。

「数値検証をすることでクリエイティビティが損なわれる」という誤解もいまだに根強いのですが、数字をもとにした議論は、イノベーションの芽を摘むわけではありません。問題は数字から発見できますが、何を課題として取り組むのか、どう解決するのかは創造的に構想するしかありません。そこにクリエイティビティ発揮の余地があり、考える目的や領域を明確にすることは、クリエイティビティの助けにすらなります。

◉ 社員の学習力と学習速度

PDCAを回す頻度は、どのくらいがよいでしょうか。毎日、毎週、毎月、四半期に一度……。施策や業種によっても速度は違いますが、検証結果と課題認識をすり合わせ、社員が見えている視界を共有するためのイベントとして運営している企業と、そうでない企業では、社員の学習力・学習速度に大きな差が出ます。

P&Gのようなマーケティングが優れているといわれる外資系企業

と、マーケティングに弱いといわれる日本企業を比べると、同じようなレベルの人が就職して10年経ったときに、再現性のあるスキルを持つマーケッターとして育つ確率は前者のほうが高いのは明白です。その違いは社員のポテンシャルではなく、PDCAサイクルに基づくフィードバックの有無です。**要するに、「構想しっ放し」「やりっ放し」の会社に10年いる人と、そうでない人とでは、ヒット率が変わっていくのは当然のことなのです**（図5）。

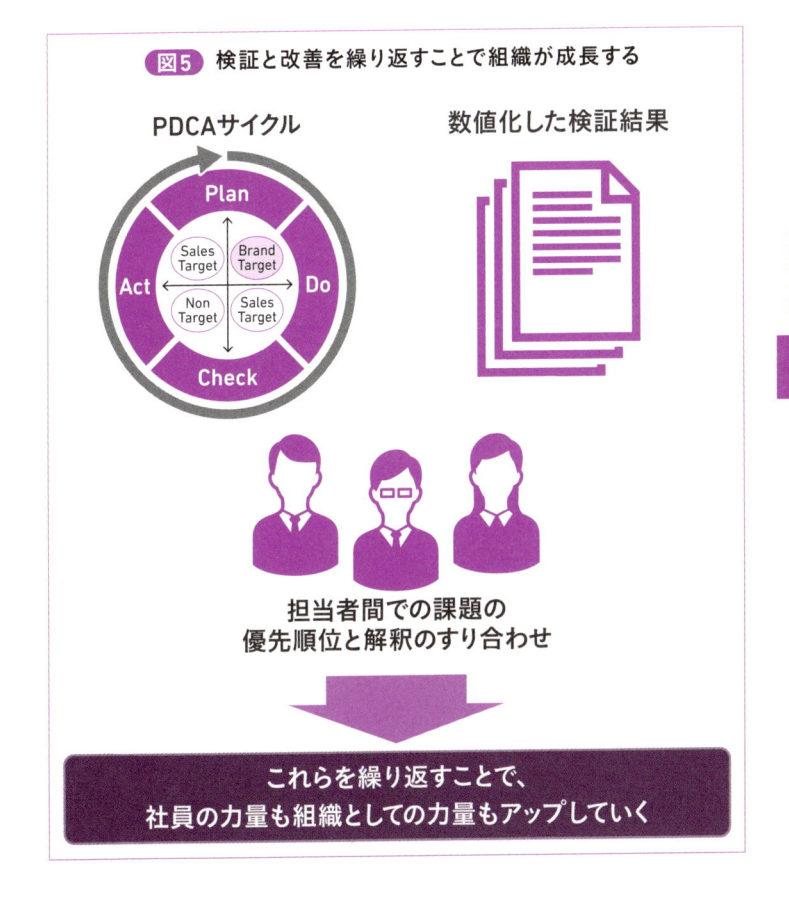

図5　検証と改善を繰り返すことで組織が成長する

PDCAサイクル

数値化した検証結果

担当者間での課題の
優先順位と解釈のすり合わせ

これらを繰り返すことで、
社員の力量も組織としての力量もアップしていく

No. 06 ［検証と改善の要諦］ 学習できる組織をつくるために

　世の中には、「天才」としかいいようのない人もいます。数字の検証結果とは関係なく、次々とヒットを飛ばすことができる。でもそれは再現性がありません。**PDCAサイクルは天才ではない普通の人をハイパフォーマーにするためのものです。**

　本を読んだりセミナーに参加したりというのも、様々なデータを咀嚼するためのフレームワークを頭にインストールするという点では欠かせません。ただし、それをしっかりと自分の実業とつなげて使えているか、活かせているかがより重要です。100のフレームワークを知っていても1個も使ったことがない人より、10のフレームワークを知っていて10個使える人のほうがビジネスの成果を上げられます。

● マーケットから学習する仕組みをつくる

　筆者は「社員が育つ会社ってどんな会社ですか」と質問されたとき、「ちゃんとマーケットと向き合って、マーケットから学習する仕組みと習慣が根付いた会社です」と答えています。研修だけを充実させても、実際に使う場面とつながっていなければ、なかなか成果にはつながりません。

　自社のブランド、商品・サービスこそ、常に動的に市場で評価にさらされ、変化を続けていくモチベーションも高い、最高の学習材料です。研修が充実しているのは単体ではよいことですが、**それよりも目の前の自社の市場課題を正しく深く理解し、それに向けて解決策を打つ。このプロセスを高い精度で回すことへの組織的な執着と習慣こそが、ブランドマネジャーやマーケッターが育つ最良の教育インフラです。**

インプット過多に陥らず、アウトプットを重視することが成果の伴った成長の鍵です（図6）。

図6 成長はインプットを活用したアウトプットで実現する

知識のインプット量

知識偏重で
頭でっかちな
表面的な人材

知識を血肉化し
地に足のついた
成長と成果を
実現する人材

成長の
見込みが
薄い人材

体系的知識
欠如で
成功の再現性に
欠けた人材

知識のアウトプット活用量

インプットした知識が身になり、
ビジネスパーソンとして成果を出すには、
アウトプット活用の量が鍵を握る

おわりに

○本当にブランド戦略で事業は成功するのか？

　経営者からは「ブランド戦略で、本当に事業は成功するんですか」と聞かれることがあります。私は率直に「事業戦略の失敗まではリカバリーできませんが、事業戦略の成功後押しはできますよ」と答えます。

　例に挙げるのは、アクオス（シャープの液晶テレビ）です。アクオスは日本国内においては、評価の手法によってはシャープを上回るほどのブランド価値を持ちます。後講釈にはなりますが、シャープは需要と自社の競争力を見誤り、液晶パネル工場に過剰投資するという事業戦略上の大きなミスを犯しました。工場は稼働率が低くて赤字となり、外資に救済買収をされるほどの苦境に追い込まれたのはご存じの通りです。

　ただ、アクオスのブランド戦略で赤字は防げませんでしたが、いまだに国内でのアクオスの競争力は健在です。それはブランド戦略の蓄積による成果です。正しい事業戦略と連携すれば大きな成果をもたらします。

○ブランド戦略の敷居を下げたい

　「事業成長に直接貢献する、実践的なブランド戦略を使いこなせる企業を増やしたい」——。そんな思いで、私は2010年にブランド・マーケティング領域の戦略支援に特化した、専門ブティック型コンサルティングファームのインサイトフォースを立ち上げました。多様な専門ノウハウを持つメンバーを集め、案件ごとに最適なチームを編成し、支援しています。手前味噌ではありますが、インサイトフォースが掲げるコアバリューは「インサイトを、ビジネスのインパクトへと変えていく」。これは、市場ごとに異なる顧客インサイトと、企業ごとに異なる経営インサイトの双方を深掘りしたうえで、事業成長に直結したブランド戦略支援を提供し、業績に大きなインパクトをもたら

すという私たちのこだわりです。

　一般的に、ブランドコンサルティング会社の多くは、理念やCIロゴ開発に特化しており、弊社の競争戦略型アプローチは珍しい存在です。セミナー、メディア掲載記事、サービスなどにご関心ある方はホームページ(http://insightforce.jp)をご確認いただければ幸いです。また、私はTwitterやサロンでも、ブランドやマーケティングの情報、最新の時流への見解を発信しているので、よろしければフォローしてみてください(Twitterアカウント：@blogucci)。

　会社設立から8年が経ち、クライアント企業の中には、東証一部上場で過去最高益を更新し続けるような案件の成功にも恵まれました。ただ、残念ながら自社で直接支援できるクライアント企業の数には限りがあります。「ノウハウを活用できる企業や人の数をもっと増やしたい」──。そんな思いから、2013年に書籍『プラットフォーム ブランディング』(SBクリエイティブ刊) を共著で出版し、主に大手企業の方々向けに実務を詳細まで掘り下げて一定の反響をいただきました。しかし、ブランド戦略になじみの薄い初心者といえる方々には、少し敷居の高い本になっているという声もいただいていました。前著出版から5年が経ちますが、本書がブランド戦略初心者の方にも有益な参考書となれば、著者としてこれ以上の喜びはありません。

　最後になりますが、本書の企画を打診してくださった翔泳社の方々、執筆の多くを助けてくれた弊社のメンバー、執筆期間に温かく見守ってくれた家族、弊社に大きなチャレンジと成長の機会を与えてくださったクライアント企業の皆さま、そして本書を手に取ってくださった読者の皆さま。そのすべての方々に改めて深くお礼を申し上げます。

山口義宏

インサイトフォース株式会社　代表取締役

マーケティング＆ブランディングの
おすすめブック・ガイド

プラットフォーム ブランディング

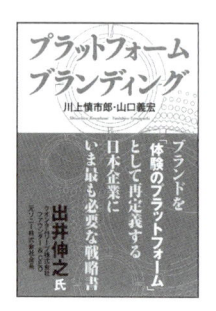

筆者が共著で2013年に出版した書籍です。本書の基礎・入門的な内容よりもさらに細かい実務に踏み込み、ブランド・マーケティング戦略の策定と、4P施策の実行における詳細な判断と実践のプロセスを解説しています。特に大企業で有用な、組織横断の合意形成プロセス、企業ブランドと商品ブランドの体系整理、プラットフォーム戦略について深掘りしています。ブランド戦略の実践において、より詳しい情報を求めている方に推奨します。

川上慎市郎、山口義宏 著／SBクリエイティブ／2013年発行

本当のブランド理念について語ろう
「志の高さ」を成長に変えた世界のトップ企業50

元P&GのCMOジム・ステンゲル氏による理念を軸にしたブランド戦略アプローチの解説本。フィジカルなスペックでの差別化ではなく、より高次なビジョンや理念によってブランドを創る（例：パンパースであれば子育てに悩む母親の支援者となる）方法論が解説されている。本書および上記『プラットフォームブランディング』とはアプローチが対照的で、ステンゲル氏の書籍を読むとアプローチの違いや補完性など、本質的な理解が深まります。

ジム・ステンゲル 著／池村千秋 訳／川名周 解説／CCCメディアハウス／2013年発行

仮説思考
BCG流 問題発見・解決の発想法

戦略検討時に野放図に工数がふくらみがちな、情報収集から検証のプロセスにおいて、仮説的な考えを用いて、深掘りすべき領域を絞り込み、高い精度で効率的にゴールにたどりつく普遍的な考えを解説。特にブランド戦略に特化した内容ではないが、顧客インサイトやコアバリューの洗い出しと検証においても活用すべき考えやノウハウといえます。

内田和成 著／東洋経済新報社／2006年発行

ブランドらしさのつくり方
五感ブランディングの実践

ブランド知覚価値を施策として具現化するとき、どのように「ブランドのらしさ」を担保するかという方法論を解説しています。五感（触覚・味覚・聴覚・嗅覚・視覚）の視点から"らしさ"を分解し、具体的に新宿駅をブランディングするときの展開イメージ例の記載などもあり、非常に読みやすいつくりになっています。

博報堂ブランドデザイン 著／ダイヤモンド社／2006年発行

マーケティング＆ブランディングの おすすめブック・ガイド

情報参謀

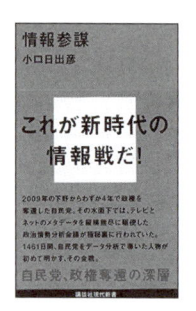

自民党をクライアントにしたコンサルタントが、テレビでの政治報道の状況やSNSの観測などに定量的な情報分析を行い、自民党に対して適切な対応を示唆する、まさにマーケティングのPDCAサイクルの物語。詳細なデータ分析から変化と、対応の示唆を読み解き、自民党に対処を促す端的なメッセージを発する工夫は、まさに多くの企業内でデータを扱う人に求められているエッセンスで学びがあります。

小口 日出彦 著／講談社／2016年発行

マネジャーのためのKPIハンドブック
知っておくべき「75」の評価基準

財務、顧客、マーケティング、業務プロセスとサプライチェーン、従業員、CSRの視点から、企業がマネジメントすべきKPIに関する解説書です。ブランド、マーケティング領域に特化したKPI解説ではありませんが、指標の重要性だけでなく、データ収集のコストと指標活用に対するリスクや注意事項など、バランスの取れた俯瞰ができるのが本書の素晴らしい点です。

バーナード・マー 著／SDL Plc 訳／ピアソン桐原／2012年発行

「欲しい」の本質
人を動かす隠れた心理「インサイト」の見つけ方

非常に属人性が高く、再現性の低い顧客インサイトを掘り下げ、商品企画に活用することに特化した解説書。そのインサイトを掘るための考えや現場感ある留意点など、目を通しておくことで得られる示唆は多い。顧客インサイトの重要性は理解しつつ、その実践に課題を感じている方におすすめします。

大松孝弘、波田浩之 著／宣伝会議／2017年発行

消費者行動論
ビジネス基礎シリーズ

消費者の購買行動の背景を理解する際の、価値観や行動までの体系的な視点の整理がされた解説書。顧客インサイトを深掘り、検証する際、そのインサイトの要素が、どのような生活者心理のものと位置づけられるか、俯瞰して整理できるようになる。消費者の定性的な気持ちの整理や、分類セグメンテーションの軸の模索において、理解しておいたほうがよいフレームワークが多数掲載されている。

平久保 仲人 著／ダイヤモンド社／2005年発行

マーケティング＆ブランディングの おすすめブック・ガイド

・・

マーケット感覚を身につけよう
「これから何が売れるのか？」わかる人になる5つの方法

・・

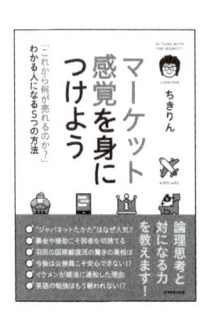

ブランドやマーケティングの戦略フレームワークは重要ですが、根底において市場・顧客と相対するときに欠かせないマーケット感覚が鋭くないとうまく成果は出ません。この本は、その言語化が難しい生々しいマーケット感覚について解説されています。自分がどこか頭でっかちで成果が出ないと感じる人にはおすすめの非常に読みやすい本です。

ちきりん 著／ダイヤモンド社／2015年発行

・・

モチベーション革命
稼ぐために働きたくない世代の解体書

・・

よりよいモノに囲まれた生活に魅力を感じない現代の若者世代を「乾けない世代」と描写し、彼らのインサイトをわかりやすく掘り下げた良書です。マーケティング本ではありませんが、今の若者は、生まれた頃から何もかもが揃っていたので、金や物や地位などのために頑張ることができないという構図が丁寧に解説されています。若者理解が弱いことでマーケティングの成果が出ない企業は必読です。

尾原和啓 著／幻冬舎／2017年発行

世代×性別×ブランドで切る! 第5版

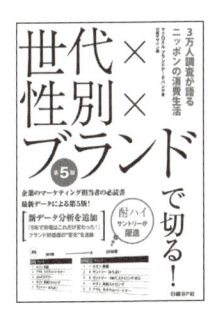

日本全国3万人を対象にした調査ブランドデータバンクのデータをもとに、年齢・性別・ブランドを掛け合わせた分析データが掲載。世代や性別ごとに、どのようなブランドが人気か、逆にブランドを支持するファンの価値観・ライフスタイルやメディア接触の特性など、市場や顧客を理解する読み物として楽しめます。価値観で顧客を分析する事例としてイメージがわきやすい1冊です。

マクロミル ブランドデータバンク 著／日経デザイン 編／日経BP社／2017年発行

問題解決ファシリテーター
「ファシリテーション能力」養成講座

組織内での前向きな合意形成と、各担当者のコミットメント獲得のためのファシリテーション技術を解説した実務書です。普遍的な内容ですが、ブランド戦略の検討時に活用できる示唆や技術がたくさん記載されています。事業部門間でのブランド戦略の合意形成に課題を感じている方におすすめします。

堀 公俊 著／東洋経済新報社／2003年発行

Glossary | 用語集

RFM分析

Recency（最新購買日）、Frequency（購買頻度）、Monetary（購買金額）の頭文字を取った分析手法。顧客をスコアリングし優良顧客を判定するのに用いられる。

ROI

Return On Investmentの略。投下した資本がどれだけの利益を生んでいるのかを測る際に使われる基本的な指標。企業の収益力や事業における投下資本の運用効率を示す。ROIは大きいほど収益性に優れた投資案件ということになる。

ROAS

Return On Advertising Spendの略。広告の効果を測る指標の1つで、売上を広告費用で割ったもの。かけた広告費に対して何倍の売上を得ることができたかを表すもので、この値が高いほど効果的に広告を出稿できていることになる。

Earned Media

ソーシャルメディアなどの外部メディア。商品を売り込むことが目的なのではなく、そこにいるユーザーからの信頼や知名度を「得る」ことが目的とされる。

IoT

Internet of Things（モノのインターネット）の略。様々なモノがインターネットに接続し、相互に通信を行うこと。

AISAS

Attention（注意）→ Interest（関心）→ Search（検索）→ Action（行動）→ Share（情報共有）の頭文字を取ったもので、インターネット普及後の時代の消費者による購買行動を説明するモデル。

AIDMA

Attention（注意）→ Interest（関心）→ Desire（欲求）→ Memory（記憶）→ Action（行動）の頭文字を取ったもので、消費者が商品の認知から購買に至るまでのプロセスモデル。

アクセス解析

Webサイト（ウェブページ）への利用者（ユーザー）の訪問履歴（アクセスログ）を解析すること。

アップセル

「ある商品の購入を検討している顧客」に対して「価格や利益率がワンランク上の製品を提案」することで売上向上を目指すこと。

アドホック

特定の調査目的のために、そのときごとにオーダーメイドで設計、実施される単発調査のこと。

アトリビューション分析

コンバージョン（購入や会員登録など）に至るまでの流入元の履歴データを使い、コンバージョンへの貢献度を分析・評価すること。様々な集客経路に対してユーザーが、どのタイミングで、何回経由したかなどを知る分析方法。

インバウンドマーケティング

広告出稿などに頼るのではなく、消費者自身に「見つけてもらう」ことを目的としたマーケティングコンセプト。見込客に対して有益なコンテンツをネット上で提供することで、検索結果およびソーシャルメディアで発見されやすくする。

インフルエンサー

世間に大きな影響力を持つ人や事物。特に、インターネットの消費者発信型メディア（CGM）において、他の消費者の購買意思決定に影響を与えるキーパーソンを指す。

インプレッション

Webサイトに掲載される広告の効果を計る指標の1つで、広告の露出（掲載）回数のこと。サイトに訪問者が訪れ、広告が1回表示されることを1インプレッションという。impあるいはimpsと略記されることもある。

ABテスト

複数の案のどれが優れているかを、何度も試行して定量的に決定するテスト手法。複数の案のいずれか1つをランダムに選んで実際の利用者に提示し、その際の効果の有無や高低を記録する。これを何度も繰り返し、最も効果の高かったものを最も優れた案として採用する。

SEM

Search Engine Marketingの略。検索エンジンを広告媒体と捉え、それを通じて自社Webサイトへの訪問者を増やすマーケティング手法。

SEO

Search Engine Optimizationの略。日本語では「検索エンジン最適化」。Googleなどの検索エンジンにおいて、特定のキーワードで検索された際に、検索結果ページで上位に表示されるように工夫すること。

SNS

Social Networking Serviceの略。ユーザーが互いに自分の趣味、好み、友人、社会生活などのことを公開し合い、幅広いコミュニケーションを取り合うことを目的としたコミュニティ型のWebサイトのこと。

SFA

Sales Force Automationの略。セールスフォースは営業部隊のことで、SFAとは営業活動を記録・管理・支援するシステムを指す。

エスノグラフィー調査

もともとは人類学者が各文化の行動様式を解析し、異民族を理解するためのアプローチのこと。近年ではビジネス領域への採用により、「生活者」の日常行動を包括的に知ることで、潜在的な価値や欲求を見出す発見型の手法として注目されている。

LTV

Life Time Value（顧客生涯価値）の略。顧客が取引を開始してから終了するまでの間、その顧客がもたらした損益を累計したもの。顧客シェアを計測する指標として考案された。

LPO

Landing Page Optimizationの略。Webページの中でもユーザーが最初に到達するページ（ランディングページ）を最適化することにより、ユーザーを誘導したいページへ向かわせる。

エンゲージメント

企業や商品、ブランドなどに対して生活者が抱く愛着心や親近感。企業と従業員の相互の深い結びつきを指すこともある。

Owned Media

企業が情報発信に用いる媒体（メディア）のうち、自社で保有し運営・管理している媒体のこと。

O2O

Online to Offlineの略。インターネット上で働きかけて、実際の行動を促す施策。オンラインクーポンの配信や、位置情報を利用したチェックインなどの方法がある。

オプトアウト

離脱する、脱退する、抜け出る、手を引く、断る、などの意味を持つ英語表現。企業が一方的に送ってくる広告などの受け取りを拒否することや、そのために用意された制度や措置などを意味する場合が多い。

オプトイン

加入や参加、許諾、承認などの意思を相手方に明示すること。個人が企業などに対し、メールなどのメッセージの送信や、個人情報の収集や利用などを承諾する手続きなどを指すことが多い。

オムニチャネル

流通・小売業の戦略の1つで、実店舗、通販カタログ、ダイレクトメール、オンライン店舗（ECサイト）、モバイルサイト、SNS、コールセンターなど、複数の販売経路や顧客接点を有機的に連携させ、顧客の利便性を高めたり、多様な購買機会を創出すること。元は流通・小売業からはじまったが、メーカーやサービス業などにも広まりつつある。

カスタマージャーニー

一言でいうと「顧客が購入に至るプロセス」のこと。特に、顧客がどのように商品やブランドと接点を持って認知し、関心を持ち、購入意欲を喚起されて購買や登録などに至るのかという道筋を旅にたとえ、顧客の行動や心理を時系列的に可視化したものを「カスタマージャーニーマップ」と呼ぶ。

カンバセーションマーケティング

企業がブログやSNSを通じて、企業とユーザーまたはユーザー同士で商品やサービスについて会話や意見交換を行い、関係性を構築し、企業への信頼感を高め、ブランドロイヤリティを強めていくためのマーケティングのこと。

Google AdWords

検索エンジンGoogleの検索結果に連動してWeb広告を掲載するサービス。Google社が広告主に対して提供している。

Google Analytics

Googleが提供する、高機能な無料アクセス解析ツール。Webサイトの各ページに「トラッキングコード」と呼ばれるコードを挿入することで、そのページに関する様々なアクセス関連情報を収集できるようになっている。

Google Trends

Web検索において、特定のキーワードの検索回数が時間経過に沿ってどのように変化しているかをグラフで参照できるGoogleサービスの名称。Google

トレンドに任意のキーワードを入力して検索を行うと、そのキーワードが過去にどの程度検索されたのかについて、指数を表す線グラフで参照することができる。

クラスター分析

異なる性質のものが混ざり合っている集団（対象）の中から、互いに似たものを集めて集落（クラスター）をつくり、対象を分類する方法。マーケティングリサーチにおいては、ポジショニング確認を目的としたブランドの分類や、イメージワードの分類、生活者のセグメンテーションなどに用いられる。

クリック単価

CPC（Cost Per Clickの略）。1クリック（＝サイトへの1アクセス）を獲得するのにかかるコストのこと。

クリック率

インターネット広告の効果を測る指標の1つ。広告がクリックされた回数を、広告が表示された回数で割ったもの。「クリックスルーレート」とも呼ばれる。

クロスセル

ある商品を購入したり購入しようとしている顧客に対して別の商品をすすめるマーケティング手法。勧める商品は関連性が高かったり同時に購入すると割引になるような商品であることが多い。

クロスメディア

複数のメディアを組み合わせること。広告の世界では、消費者の行動を促進することが主な目的となる。

経営インサイト

企業の経営判断の背景にあり、今後の戦略策定にも大きな影響を与える強み・弱み、組織文化、組織能力に関する洞察。顧客インサイトをついた戦略でも、経営インサイトの視点から実現性が低ければ、成果が出ない。

KGI

Key Goal Indicatorの略。組織やプロジェクトが達成すべき目標を定量的な指標で表したもの。抽象的な理念や目的のようなものではなく、「いつ、どの指標がどのレベルに到達したら目標達成とみなすのか」を定義したもの。日々の進捗を測る指標としてKPIが併用されることが多い。

KPI

Key Performance Indicatorの略。日本語では「重要経営指標」「重要業績指標」などと訳される。KGIを達成するために取り組むべき、個々の目標数値。

検索連動型広告

インターネット広告の一種で、検索エンジンで一般ユーザーが検索したキーワードに関連した広告を検索結果画面に表示する（テキスト形式）。

顧客インサイト

顧客の購買行動を刺激するような深層心理に対する洞察。インサイトを刺激するアプローチは2つあり、よりよい未来・機会を想起させる、もしくは、現状を維持するリスクを想起させる方法がある。顧客インサイトを的確に捉え、そこに訴えるブランド知覚価値を設定しないと、顧客視点からは魅力あるブランドにはならない。

コンジョイント分析

最適な商品コンセプトを決定するための代表的な多変量解析を用いた分析方法。個別の要素を評価するのではなく、商品全体を評価することで、個々の要素の購買に影響する度合いを算出する。

コンタクトセンター

企業の中で、顧客対応を行う部署。もともとは電話が中心だったのでコールセンターと呼ばれていたが、ネット化する中でメールやチャットなど、様々な顧客からのアクセスに対応することから、最近ではコンタクトセンターと呼ばれている。

コンテンツマーケティング

見込み客や顧客にとって価値のあるコンテンツを提供し続けることで、興味・関心を惹き、理解してもらい、結果として売上につなげるマーケティング手法のこと。継続的に訪問したくなるコンテンツ戦略で、ブランドロイヤリティを向上させる力がある。ブログ、ポッドキャスト、動画、オンラインセミナー、PDF形式の小冊子、ホワイトペーパーなど、顧客が読みたくなるコンテンツを作成していくことが重要。

コンバージョン

ネット広告の分野では、広告や企業サイトの閲覧者が、会員登録や資料請求、商品購入など企業の望む行動を起こすことをいう。「単なる訪問者から会員や（見込み）顧客への転換」という意味合いがある。

CRM

Customer Relationship Managementの略。主に情報システムを用いて顧客の属性や接触履歴を記録・管理し、それぞれの顧客に応じたきめ細かい対応を行うことで長期的な良好な関係を築き、顧客満足度を向上させる取り組み。また、そのために利用される情報システムのこと。

GRP

Gross Rating Pointの略。CM1回ごとの視聴率（聴取率）を足し上げ、「延べ視聴率（聴取率）」としたもの。スポットCMを契約する際の単位として利用されている。

CS ポートフォリオ分析

項目別満足度と総合満足度から、重点改善領域を抽出する分析手法。満足度を構成する各要素の「満足度」を縦軸、総合満足度と各要素の相関係数（関係の強さ）を横軸に取り、各要素をプロットして重点的に改善する要素を明らかにする。

CTR

Click Through Rate の略。インターネット広告の効果を計る指標の1つ。広告がクリックされた回数を、広告が表示された回数で割ったもの。クリック率と同じ意味。

CTA

Call To Action の略。日本語では「行動喚起」。Web サイトの訪問者を具体的な行動に誘導すること。もしくは、具体的な行動を喚起する、Web サイト上に設置されたイメージやテキストのこと。

CtoC

Consumer to Consumer の略。一般消費者同士がインターネット上で物品やサービスの取引を行うこと。

CPA

Cost Per Acquisition / Cost Per Action の略。広告単価の指標で、顧客獲得（acquisition）1人あたりの支払額。または、何らかの成果（action）1件あたりの支払額。

CPM

Cost Per Mille の略。ネット広告の配信単価の種類の1つで、表示1000回あたりの料金。広告を掲載した Web ページなどが閲覧者の画面に表示された回数に比例して、広告料金が課金される。

CPC

Cost Per Click の略。ネット広告掲載料金の単位の1つで、クリック1回あたりの料金。Web ページやメールに掲載したテキスト広告やバナー広告などがクリックされ、顧客サイトに訪問者が訪れると CPC1回分の料金が発生する。

CVR

Conversion Rate の略。企業 Web サイトの訪問者数に対する、そのサイトで商品を購入したり会員登録を行ったりした人の割合。Web サイトの投資対効果を測るうえで重要な指標である。

ショールーミング

実店舗で実物を確認した商品を、インターネット上で価格を比較して購入すること。

ステークホルダー

企業などが活動するうえで何らかの関わりを持つ人物や団体などのこと。直接的には株主や債権者、従業員、取引先、顧客、監督官庁などを指すが、事業内容などによっては地域住民や国民、投資家など広い範囲が対象に含まれる場合もある。

セールスターゲット

売上拡大先として見込むターゲット顧客のこと。購買する理由は、ブランドへの憧れ、機能性の評価、価格の安さなど、様々な理由があり、市場シェアの高い企業では、複数のセールスターゲットを設定することがある。

セグメントメール

商品の購入者や会員登録をした人に対し、細かい条件によってセグメントに分類して送信されるメール。

セッション

期間内の合計訪問セッション数。セッションはユーザーがサイト接触している状態を指す。同一人物が別々の日に10回サイトに訪れたら10セッションとなる。

遷移率

複数にわたる Web ページの起点から終点までの到達率。どの段階でユーザーに離脱されているのか、ボトルネックを特定する際に利用する。

ソーシャルアド

SNS などのソーシャルメディアにおいて、ユーザー同士のつながり（ソーシャルグラフ）を情報として取り込んだうえで表示される広告のこと。

ソーシャルメディア

インターネット上で展開される情報メディアのあり方で、個人による情報発信や個人間のコミュニケーション、人の結びつきを利用した情報流通などといった社会的な要素を含んだメディアのこと。利用者の発信した情報や利用者間のつながりによってコンテンツをつくりだす要素を持った Web サイトやネットサービスなどを総称する用語。

ソーシャルグラフ

Web 上での人間の相関関係や、そのつながり・結びつき。

ソーシャルリスニング

ソーシャルメディア上で人々が日常的に語っている会話や、自然な行動に関するデータを収集し、業界動向の把握やトレンド予測、自社・ブランド・商品に対する評価・評判の理解や改善に活かすこと。

ダイレクトマーケティング

顧客と個別・直接的な双方向コミュニケーションを行い、相手の反応を測定しながら、ニーズや嗜好に合わせて顧客本位のプロモーションを展開していくマーケティング方法。データベースマーケティン

グ、インターネットマーケティング、CRM（顧客関係管理）、One to Oneマーケティングなど、今日でも重視されるマーケティング手法のベースとなっている。

DM
個々人あるいは法人宛に商品案内やカタログを送付する方法による宣伝（販促）手段、あるいは営業支援の仕組み。

DRM
Direct Response Marketingの略。広告やWebサイトなどで情報を発信し、反応のあった消費者に対して関係を構築していくマーケティングの手法。

ディープラーニング
機械学習の一種。深層学習。人間の脳神経回路を真似たニューラルネットワークを何層にも重ねた状態で学習すること。

ディスプレイ広告
Web広告の形式の一種で、Webページの一部として埋め込まれて表示される、画像やFlash、動画などによる広告。画面上部などに表示される横長の画像広告を特に「バナー広告」という。

定性調査
数値化が不可能な文章や画像、音声などの形式の情報で調査・分析する方法。

定量調査
選択肢回答形式のアンケート調査などで取得したデータを数値化して分析する手法。数値化された情報がもとになるため、全体の構造や傾向が把握しやすい。

データドリブン
効果測定などで得られたデータをもとに、次のアクションを起こしていくこと。

データベースマーケティング
顧客の属性や過去の購買傾向をデータベースに記録して区分し、それぞれの顧客に合ったサービスを提供するマーケティング手法。顧客情報を登録したデータベースの構築と、その分析の2つの段階からなる。

データマイニング
データベースに蓄積されている大量のデータから、統計や決定木などを駆使して、マーケティングに必要な傾向やパターンなどの隠された規則性、関係性、仮説を導き出す手法のこと。

テキストマイニング
定型化されていない文章の集まりを自然言語解析の手法を使って単語やフレーズに分割し、それらの出現頻度や相関関係を分析して有用な情報を抽出すること。

デプスインタビュー
対象者とインタビュアーが相対し、基本的に1対1で対話をする。対象者の感情や本人の自覚をしていない意識まで汲み取り、行動の動機や相手そのものを理解していくことを目的とする。定性調査の一種。

デモグラフィック属性
人口統計学的な特徴を表す情報・データ。たとえば、性別、年齢、未既婚、家族構成、世帯収入、個人収入、職業など。

トランザクション
ECサイトにおける商品購入回数。eコマース設定とeコマースタグが実装されていることが前提。ECサイトだけでなく、複数のアイテムを保有するサイト（求人サイト、不動産サイトなど）の同一セッション内で何度も購入をしてもすべてのデータを記録するため、コンバージョンよりも正確な商品購入数を計測できる。なお、同一セッション内で何度も購入しても1回のコンバージョンとして計測される。

トリプルメディア
3つのマーケティングチャネルを整理したフレーム。3つのメディアとは、オウンドメディア(owned media)、アーンドメディア（earned media）、ペイドメディア（paid media）のこと。

ネイティブアド
ユーザーがいつも使っているメディアもしくはサービスの中で、自然になじむデザインや、機能で表示されるペイドメディアの一種。

パーソナライゼーション
顧客やユーザー1人ひとりに最適化された商品・サービスを提供するための手法。ユーザーが登録した属性情報や購買履歴をもとに、おすすめ商品を設定するなどの方法がある。

ハッシュタグ
#記号と、半角英数字で構成される文字列のことをTwitter上ではハッシュタグと呼ぶ。発言内に「#○○」と入れて投稿すると、その記号つきの発言が検索画面などで一覧できるようになり、同じイベントの参加者や、同じ経験、同じ興味を持つ人の様々な意見が閲覧しやすくなる。

バナー
もともとは垂れ幕を意味し、Webサイト上に表示される広告画像のこと。駆け出しWebデザイナーはこのバナー画像制作の仕事を任せられることが多い

らしい。バナーのサイズは様々で、Google Adsense の推奨するサイズに合わせるのが一般的。

BANT情報

Budget（予算）、Authority（決裁権）、Needs（必要性）、Timeframe（導入時期）の情報のことで、法人営業において押さえておくべき視点。

PDCA

業務プロセスの管理手法の1つで、計画（Plan）→実行（Do）→評価（Check）→改善（Act）という4段階の活動を繰り返し行うことで、継続的にプロセスを改善していく手法。

BtoC

Business to Consumer／Customerの略。企業と個人（消費者）間の商取引、あるいは、企業が個人向けに行う事業のこと。消費者向け事業が主体の企業のことをBtoC企業ということがある。

BtoB

Business to Businessの略。企業間の商取引、あるいは、企業が企業向けに行う事業のこと。企業向け事業が主体の企業のことをBtoB企業ということがある。

BtoBtoC

Business to Business to Consumerの略。他の企業の消費者向け事業を支援・促進するような事業、あるいは、他の企業から仕入れた商品を消費者に販売する事業を指す。その取引や事業そのものは企業間で行われるが、全体としては顧客企業の消費者向け事業の一部になっているようなものや、企業と消費者の仲立ちとなって取引を仲介・媒介するような事業のことを意味する。

PV

Page Viewの略。最も基本的なアクセス数の指標の1つで、Webページが閲覧された回数を表す。静的な構成のWebサイトではHTMLファイルの送信数にほぼ等しい。

ビッグデータ

通常のソフトウェアでは分析できないほど膨大なデータ。ビッグデータの定義として有名なものに、量（Volume）、発生頻度（Velocity）、多様性（Variety）が揃っているという「3V」がある。

ビューアビリティ

インターネット広告において、実際にユーザーが閲覧可能な状態で画面に表示されているかを表す指標。

フォーカスグループ

マーケティングリサーチでグループインタビュー

をする際に集められたグループ。一定の条件を満たすように選別されている。

フォロワー

Twitterをはじめとするソーシャルサービスにおいて、特定のユーザーの更新状況を手軽に把握できる機能設定を利用し、その人の活動を追っている者のこと。

フラッシュマーケティング

Webマーケティング手法の一種で、期間限定で、割引価格などの特典がついた商品を販売する方式のことである。特に、クーポンを販売する共同購入サービスを指すことが多い。

プラットフォーム

あるソフトウェアやハードウェアを動作させるために必要な、基盤となるハードウェアやOS、ミドルウェアなどのこと。また、それらの組み合わせや設定、環境などの総体を指すこともある。

ブランドセーフティ

広告を掲載することでブランドイメージを損なわないようにするという考え方。例として、動画サイトに一般ユーザーがアップロードしたポルノコンテンツへの広告掲載を避けることなどが挙げられる。

ブランドターゲット

ブランドの象徴的ユーザーとなるターゲット顧客のこと。企業内部では、ブランド知覚価値やマーケティング施策を判断するための基準となり、市場顧客からはブランド知覚価値の一部として、ブランドのイメージを形成するユーザー像となることを意図したもの。

ブランドのエビデンス

ブランド知覚価値において、ベネフィット（便益）を実現する根拠となる事実・スペック・データなど。このエビデンスのレベルから競合と差別化されていると、市場競争において非常に戦いやすくなる。

ブランドのコアバリュー

ブランド知覚価値において、一言で集約された顧客にとっての価値。調査でコアバリュー認識を把握する際は、「知り合いに一言で紹介するときに、どう言う？」と聞くと、対象者によってのコアバリューが言語化される。

ブランドの識別記号

ブランドを識別させるための記号要素。代表的なものはブランドのロゴマークだが、CMで起用したタレントやキャラクター、CMでの効果音やナレーションなど、五感を用いて識別できるものであれ

ば、すべてその対象となる。一部の輸入車では、革シートの仕上げに香りをつけて、ブランド固有の香りで識別している。

ターゲット市場に知覚認識されることを目指す、ブランドのコアバリュー、パーソナリティ、ベネフィット、エビデンス、ブランドターゲット、インサイトを包括した概念。この知覚価値で規定した内容に沿って、一貫性あるマーケティング4P施策を展開し、最終的には市場顧客に価値を知覚されて、市場競争力が高まることを目指す。

ブランドのパーソナリティ

ブランドが醸し出す人格イメージ。洗練された、センスがよい、安心できる、信頼できるなど、ブランドのデザインやコミュニケーション施策を中心に、4P施策全体の印象で形成される。

ブランドのベネフィット

ブランドを体験することで得られるうれしさ・便益。ベネフィットには、「人に時間の余裕ができる」といった心理的なものと、「今までより時間を短縮できる」といった物理的なものに分かれる。このベネフィットと、それを実現するエビデンスの両方が伝わると、市場顧客からは説得性の高いブランドとして価値が信頼されやすくなる。

フリークエンシー

媒体の閲覧者が広告に接する頻度のこと。ある期間内に、同じ人物が同じ広告を見る回数を表す。

ブレインストーミング

数名ごとのチーム内で、1つのテーマに対しお互いに意見を出し合うことによってたくさんのアイデアを生産し、問題の解決に結びつける創造性開発技法のこと。

プログラマティック広告

複数のデジタルプラットフォームを利用して、自動的に広告を出稿すること。特に、リアルタイムデータに基づき自動的に広告枠を購入することを指す場合が多い。

Paid Media

企業が広告枠を購入して利用するメディアを指す。テレビ・ラジオ・雑誌・新聞の四大メディアによる広告や、スポーツやイベントなどのスポンサー契約により、製品やサービスを不特定多数の消費者へ認知させることが最大の目的となる。Web上では、バナー広告やリスティング広告などがその役割を担っている。

ペルソナ

企業が提供する製品・サービスにとって、最も重要で象徴的なユーザーモデル。氏名、年齢、性別、居住地、職業、勤務先、年収、家族構成といった定量的なデータだけではなく、その人の生い立ちから現在までの様子、身体的特徴、性格的特徴、人生のゴール、ライフスタイル、価値観、趣味嗜好、消費行動や情報収集行動などの定性的データを含めて、あたかも実在するかのような人物像を設定する。

ホワイトペーパー

企業が、自社商品やその関連技術の優位性を訴えるために発行するもの。市場環境や技術動向の分析、導入事例やベストプラクティスの解説、他社製品との詳細な比較などをまとめた文書であることが多い。

マーケティングオートメーション

マーケティング業務を自動化するために開発されたツールや仕組み。メールやソーシャルメディア、Webなどを活用して、マーケティング活動の効率化や、効果の向上を目指すもの。

見込み客

ある製品を買う可能性のある人（法人）を指す。その意味で、見込み客とは、ターゲットとして選定した顧客層を具体的な人や法人へと落とし込んだものであるといえる。

MECE

Mutually Exclusive and Collectively Exhaustiveの略。直訳すると「相互に排他的な項目による完全な全体集合」。 要するに 「重複なく・漏れなく」という意味である。経営学、経営コンサルティングなどの領域で使われることが多い。

UX

User Experienceの略。ある商品やサービスを利用したり、消費したときに得られる体験の総体。個別の機能や使いやすさのみならず、ユーザーが真にやりたいことを楽しく、心地よく実現できるかどうかを重視した、一連の操作から得られる体験の総体を意味する概念。

ユーザビリティ

利用目的の達成のしやすさ、使い方や表示の明快さ、利用者（ユーザー）の満足度、といった要素。デザイン、機能、性能など、多くの要素がユーザビリティに関係する。

UU

Unique User（ユニークユーザー）の略。ある期間内において、同じWebサイトにアクセスしたユーザーの数のこと。ユニークユーザーの指標では、期間内に同じユーザーが何度訪れても、まとめて1回の訪問としてカウントするため、サイト利用者の正味人数を計測することができる。

ランディングページ
Webサイトの訪問者が、外部からそのサイトにやってくる際、最初に開くことになるページ。特に、他サイトに広告を出稿する際、リンク先として指定する自サイト内のページのこと。

リーチ
インターネット広告においては、ある広告が何人に配信されたかを表す指標。全ユーザー数に対する割合で表現されることもある。

リードジェネレーション
不特定多数に対して商品情報を告知して興味・関心を喚起するのではなく、自社の商品・サービスの購入に関心を示す個人や企業を見込み客として集め、情報提供や提案をして購入につなげる活動のこと。

リードナーチャリング
見込み客に対して、アプローチを段階的に行い、徐々に購入意識を育てていくこと。BtoB分野では購買の意思決定において時間がかかり、集団で決断する傾向が強いため、見込み客との中長期的な関係づくりが重要となっている。また、BtoC分野においてもマンション購入やウェディングなど、高額な取引や慎重に検討するサービスにおいてよく使われる。対象とする見込み客は、すぐに購入しようと思っているホットリードではなく、ちょっと興味・関心を持っていたり、情報収集段階のコールドリード。

リスティング広告
検索エンジンなどの検索結果ページに掲載される広告。特に、検索語と関連性の高い広告を選択して表示する広告。検索結果の表示に合わせ、テキスト広告となっていることが多い。

リターゲティング
行動ターゲティング広告の1つで、検索サイトやバナー広告などから訪れた訪問者のその後の行動を追跡し、再度表示させる広告。訪問者の行動に応じて興味の対象を絞り込み、効果的な広告を打てるため、通常のバナー広告よりもクリック率やコンバージョン率が高くなる。

離脱率
Webページのアクセス指標の1つで、そのページのページビューに対する、そのページを最後に別のサイトへ移動した人の割合のこと。サイトの訪問者全体に対する割合とする場合もある。離脱率が低いと訪問者を次ページへ誘導できているということであり、よいページとされる。

リテンション
既存顧客との関係を維持していくためのマーケティング活動。既存顧客のニーズを吸収し、他の製品やサービスの案内を行うなどの方法で、定期的に既存顧客との接点を持つ。

リマーケティング
サイトから去ってしまった人を追いかけていく広告。Cookie（クッキー）を訪問履歴の把握に利用する手法。

レコメンド
ECサイトなどで、利用者の好みを分析し、利用者ごとに興味のありそうな情報を選択して表示する仕組みのこと。

Index | 索引

本書内容に関するお問い合わせについて

このたびは翔泳社の書籍をお買い上げいただき、誠にありがとうございます。弊社では、読者の皆様からのお問い合わせに適切に対応させていただくため、以下のガイドラインへのご協力をお願い致しております。下記項目をお読みいただき、手順に従ってお問い合わせください。

●ご質問される前に

弊社Webサイトの「正誤表」をご参照ください。これまでに判明した正誤や追加情報を掲載しています。

正誤表　http://www.shoeisha.co.jp/book/errata/

●ご質問方法

弊社Webサイトの「刊行物Q&A」をご利用ください。

刊行物Q&A　http://www.shoeisha.co.jp/book/qa/

インターネットをご利用でない場合は、FAXまたは郵便にて、下記"翔泳社 愛読者サービスセンター"までお問い合わせください。
電話でのご質問は、お受けしておりません。

●回答について

回答は、ご質問いただいた手段によってご返事申し上げます。ご質問の内容によっては、回答に数日ないしはそれ以上の期間を要する場合があります。

●ご質問に際してのご注意

本書の対象を越えるもの、記述個所を特定されないもの、また読者固有の環境に起因するご質問等にはお答えできませんので、予めご了承ください。

●郵便物送付先およびFAX番号

送付先住所　〒160-0006　東京都新宿区舟町5
FAX番号　　03-5362-3818
宛先　　　　（株）翔泳社 愛読者サービスセンター

著者紹介

山口 義宏（やまぐち・よしひろ）
インサイトフォース株式会社　代表取締役
戦略コンサルタント

東京都生まれ。東証一部上場メーカー子会社で戦略コンサルティング事業の事業部長、東証一部上場コンサルティング会社でブランドコンサルティングのデリバリー統括、デジタル・マーケティング・エージェンシーで新規事業開発マネジャーを経て、2010年に企業のブランド・マーケティング領域特化の戦略コンサルティングファームのインサイトフォースを設立。
BtoC、BtoB問わず大手企業における企業／事業／商品・サービスレベルのブランド・マーケティング戦略の策定、CI、マーケティング4P施策の実行支援、マーケティング組織開発及びマーケティングスタッフの育成を主業務とし、これまで100社を超える戦略コンサルティングに従事。

［著　書］
- 『プラットフォーム　ブランディング』（SBクリエイティブ）他

［メディア掲載］
- 日経ビジネス寄稿「永続ブランドの方程式　"脱低価格"4つの処方箋」
- 日経ビジネスオンライン対談連載「ニッポン・ブランド強化作戦」
- ITmediaマーケティング連載「B2B営業を成果につなぐブランド戦略」　など

［講演・審査員］
- 日本郵便主催　全日本DM大賞　審査員
- 宣伝会議主催　ブランド戦略講座講師
- グロービス経営大学院大学主催　ブランド戦略セミナー講演
- マクロミル主催『ブランドを創る商品企画セミナー』　講演　など

● 購入特典について

以下のサイトから購入特典をダウンロードできます。
https://www.shoeisha.co.jp/book/present/9784798155432

特典内容　「ブランディングの教科書には書いていない10の落とし穴」
（PDF形式、A4サイズ、17ページ）

本特典では、ブランド戦略を台なしにする「10の落とし穴」をコンパクトにわかりやすく解説しています。本書の要点整理としてもお使いいただけます。（提供：インサイトフォース株式会社）

※SHOEISHA iD（翔泳社が運営する無料の会員制度）のメンバーでない方は、ダウンロードする際にSHOEISHA iDへの登録が必要です。

装丁・本文デザイン	植竹 裕（UeDESIGN）
DTP	佐々木 大介
	吉野 敦史（株式会社アイズファクトリー）
	Opto 畠中 ゆかり
編集協力	唐仁原 俊博

デジタル時代の基礎知識『ブランディング』

「顧客体験」で差がつく時代の新しいルール

マーケジン ブックス
(MarkeZine BOOKS)

2018 年 3 月 15 日　初版第 1 刷発行
2019 年 8 月 5 日　初版第 5 刷発行

著者	山口 義宏（やまぐち・よしひろ）
発行人	佐々木 幹夫
発行所	株式会社 翔泳社（https://www.shoeisha.co.jp）
印刷・製本	株式会社 加藤文明社印刷所

ISBN978-4-7981-5543-2　　　　　　　　　　　　　　Printed in Japan